HANNAH FREY

Zucker frei EXPRESS

INHALT

Gerade in stressigen Zeiten finden wir oft keine Ruhe zum Kochen und greifen stattdessen zu Convenience Food, gehen auswärts essen oder bestellen beim Lieferservice. Und nehmen so – meist unbewusst – jede Menge raffinierten Zucker zu uns. Zumindest ging es mir früher so: Je mehr ich unter Druck stand, desto ungesünder habe ich mich ernährt. Heute ist das zum Glück überhaupt nicht mehr der Fall. Und für dich ist nun auch Schluss damit!

Mit meinen Express-Rezepten in diesem Buch stehen nach maximal 25 Minuten Zubereitungszeit schmackhafte, gesunde und natürlich zuckerfreie Mahlzeiten auf deinem Tisch. Es gibt kein zeitraubendes Vorbereiten, Einweichen oder sonstige Wartezeiten. Und: Jedes Gericht wird aus höchstens zehn Zutaten (Salz, Pfeffer, Wasser und Eiswürfel ausgenommen) gekocht. Du musst also keine langen Einkaufslisten schreiben, und die wenigen Zutaten sind im Handumdrehen besorgt. Trotzdem sind die Gerichte nicht langweilig, sondern schmecken superlecker!

Klar ist, dass ich bei meinen Express-Rezepten keinen raffinierten Zucker verwende. Zudem setze ich aber auch andere Süßungsmittel nur sehr sparsam ein: Lediglich fünf Gerichte enthalten Trockenfrüchte, darüber hinaus wirst du in den Rezepten keinerlei Zuckeralternativen finden.

Solltest du Fragen dazu haben und möchtest du dir Unterstützung holen, dann gehe einfach auf meinen Blog www.projekt-gesund-leben.de, in meine »Projekt: Zuckerfrei«-Facebook-Gruppe oder auf Instagram unter #projektzuckerfrei. Dort kannst du jederzeit auch deine Nachkoch-Erfahrungen mit mir und meiner Community teilen.

Ich wünsche dir viel Spaß dabei!

Hannah Frey

START
WHERE YOU
ARE.
USE WHAT
YOU HAVE.
DO WHAT
YOU CAN.

ZUCKERFREI EXPRESS

Du hast nur wenig Zeit fürs Kochen und willst dich trotzdem gesund und zuckerfrei ernähren? Kein Problem! Mit etwas Organisation und den Rezepten aus diesem Buch kannst du das jederzeit problemlos umsetzen.

Eine »schnelle Küche« lässt sich oftmals nicht ganz so einfach mit dem Wunsch nach einer industriezuckerfreien Ernährung vereinbaren: Untersuchungen zufolge enthalten über 80 Prozent aller im Supermarkt erhältlichen Nahrungsmittel zugesetzten isolierten Zucker. Wer sich also gerne zuckerfrei ernähren möchte, muss sich die Zeit nehmen und selber kochen, anstatt schnell mal zu Fertigprodukten zu greifen. Denn nur so weiß man wirklich, was in seinem Essen steckt und kann raffinierten Zucker, Zuckeraustauschstoffe und künstliche Süßstoffe auf jeden Fall meiden.
Zum Glück muss das Selberkochen aber überhaupt nicht aufwendig sein – die Rezepte in diesem Buch sind in maximal 25 Minuten zubereitet! Zudem helfen dir die Tipps auf dieser Seite, dass du auch sonst bestens für die zuckerfreie Express-Küche gerüstet bist!

PLANUNG IST DAS A UND O

Überlege dir rechtzeitig, was du kochen möchtest. Wer abends nach der Arbeit erst noch darüber nachdenken muss, was es zu essen geben soll, sich dann um den Einkauf kümmern muss und anschließend auch noch kochen darf, neigt dazu, doch eher ein ungesundes Fertigprodukt in den Einkaufswagen zu legen. Oder gar gleich den Lieferdienst anzurufen. Um das zu vermeiden, planst du am besten im Voraus einmal wöchentlich (zum Beispiel jeden Samstag) die Mahlzeiten für die komplette Woche. Dabei sollten neben den Hauptgerichten auch die Snacks, die du essen möchtest, aufgelistet werden. Suche dir deine Lieblingsrezepte aus diesem Buch aus und erstelle dir daraus deinen ganz individuellen Wochenspeiseplan. Das nimmt zwar anfangs ein wenig Zeit in Anspruch, wird sich dann aber unter der Woche sehr schnell bezahlt machen!

DEN EINKAUF ORGANISIEREN

Steht der Wochenplan, notierst du alle benötigten Zutaten und gleichst diese mit deinem Vorrat ab. Übrig bleibt alles, was du besorgen musst und auf die Einkaufsliste kommt – am besten so gegliedert, wie die Lebensmittel im Supermarkt zu finden sind. Das erspart dir lästiges Hin- und Herlaufen.

ZUTATEN KLUG AUSWÄHLEN

Es gibt durchaus etliche Lebensmittel, die küchenfertig und trotzdem zuckerfrei sind. Dosentomaten, Mais oder Hülsenfrüchte aus dem Glas, Gemüse, Kräuter und Obst aus der Tiefkühltruhe sowie vorgegarte Lebensmittel wie vakuumierte Rote Beten verkürzen die Zubereitungszeit der Gerichte enorm und enthalten meist keinen Zucker. Vorsichtshalber solltest du bei diesen Produkten aber die Zutatenliste kontrollieren, denn manche Hersteller fügen ihren Lebensmitteln doch gerne eine Extraportion Zucker zu. Dieser dient nämlich beispielsweise als Geschmacksverstärker, Füllstoff und Konservierungsmittel. Wichtig: Auch bei Lebensmitteln, die man kennt und von denen man denkt, sie wären frei von zugesetztem Zucker, sollte man immer mal wieder einen Blick auf die Verpackung werfen. Denn es kommt nicht selten vor, dass die Hersteller ihre Produkte überarbeiten, und diese dann plötzlich Zucker enthalten statt zuckerfrei zu sein.

CLEVER KOCHEN

Bevor es richtig losgeht, stellst du alle benötigten Zutaten und das Küchenzubehör wie Messer, Schüsseln, Brettchen, Töpfe und Pfannen bereit. Dann kannst du direkt starten und musst nicht zwischendurch immer wieder auf die Suche gehen. Falls du Küchenhelfer hast, die dich beim Kochen unterstützen, verwende diese auch, um Zeit zu sparen! Gemüseschneider etwa schneiden Obst und Gemüse im Handumdrehen in Würfel, Scheiben, Stifte, Viertel oder Achtel. Mit einem Messer würde das wesentlich länger dauern. Weiteres Zeitspar-Plus: Je kleiner du Obst oder Gemüse schneidest, desto fixer wird es in Topf, Pfanne oder Backofen gar. Und beim Dünsten, Kochen und Schmoren immer den Deckel auflegen! Auf dem E-Herd braucht beispielsweise 1 Liter Wasser mit Deckel 7–10 Minuten, bis es kocht. Ohne einen Deckel dauert es etwa doppelt so lange. Noch schneller geht es im Wasserkocher.

SCHNELLE SNACKS

Zuckerfreie Zwischenmahlzeiten müssen nicht aufwendig zubereitet werden oder teuer sein. Oft sind die einfachsten Dinge doch die besten!

NÜSSE

Mandeln, Walnusskerne, Cashewkerne & Co. sind äußerst nahrhafte, wohltuende und zuckerfreie Snacks. Durch ihren hohen Anteil an gesunden Fetten, Proteinen und Ballaststoffen sättigen sie besonders lange, ohne zu beschweren. Aufgrund ihrer wertvollen Vitamine und Mineralstoffe verleihen sie uns außerdem Energie und verhelfen uns zu mehr Konzentration. Am einfachsten ist es, unterwegs immer eine Handvoll unbehandelte Nüsse dabeizuhaben. Auch lecker: geröstete Nüsse! Dafür die unbehandelten Nusskerne einfach auf einem mit Backpapier ausgelegten Backblech im 175° heißen Backofen (Mitte) ca. 5 Min. backen. Dann wenden und weitere 5 Min. backen. Aufpassen, dass die Nüsse nicht verbrennen!

TROCKENFRÜCHTE

Trauben, Datteln, Aprikosen, Äpfel – viele Obstsorten gibt es auch getrocknet zu kaufen. Durch das Trocknen wird dem Obst Flüssigkeit entzogen, der Fruchtzucker bleibt in konzentrierter Form zurück und macht die Trockenfrüchte schön süß. Allerdings wird den Trockenfrüchten trotz ihres hohen Fruchtzuckergehalts von der Industrie oftmals raffinierter Zucker zugesetzt. Bei Cranberrys ist das beispielsweise der Fall: Der Zucker macht die sauren Beeren erst genießbar. Bio-Marken verwenden statt raffiniertem Zucker Apfel- oder Ananasdicksaft zum Süßen. Es ist also immer empfehlenswert – auch bei Trockenfrüchten – die Zutatenliste zu lesen.

ÄPFEL & BANANEN

Bananen sind der perfekte Snack für unterwegs – sie können gut gegessen werden, ohne dass man danach die Hände waschen muss. Äpfel vor dem Transport am besten in Spalten schneiden und mit Zitronensaft beträufeln. So wird das Fruchtfleisch nicht braun und bleibt länger frisch. Den Apfel aber nicht schälen, da direkt unter der Schale etwa 70 Prozent seiner wertvollen Inhaltsstoffe stecken. Äpfel und Bananen sind richtig gesund: Neben zahlreichen Vitaminen, Mineralstoffen und Spurenelementen enthalten sie jede Menge Ballaststoffe, die für eine langanhaltende Sättigung sorgen.

HART GEKOCHTE EIER

Nach nur 10–12 Minuten in kochendem Wasser sind Eier hart gekocht und einsatzbereit. Sie lassen sich also nicht nur schnell und unkompliziert als Imbiss vorbereiten, zudem halten sich die hart gekochten Eier bei Zimmertemperatur 2–3 Tage frisch und im Kühlschrank sogar bis zu 2 Wochen. Unterwegs sind sie dann ein äußerst praktischer kleiner Happen – dank ihrer Schale besitzen sie eine natürliche »Verpackung« und können ohne großes Einwickeln ganz bequem mitgenommen werden. Durch ihren hohen Proteingehalt sättigen Eier langanhaltend.

#EXPRESSTIPPS

Um eine gesunde, zuckerfreie Mahlzeit zuzubereiten, muss man nicht ewig in der Küche stehen. Diese Express-Tipps helfen dabei, beim Schnippeln und Kochen Zeit zu sparen.

KLUG EINKAUFEN

Das Zeitsparen fängt schon beim Einkaufen an: Nach Feierabend und am Samstagvormittag sind die Supermärkte am vollsten. Also besser wochentags zwischen 14 und 16 Uhr in den Laden gehen, wenn dort wenig Leute sind und es an der Kasse schnell geht.

SMART KOCHEN

Die Rezepte vor der Zubereitung unbedingt einmal komplett durchlesen. So können Fehler (uups, keine Hirse gekauft) und lange Pausen (grrr, das Wasser hätte ich längst aufkochen sollen) vermieden werden.

ECHT SCHARF!

Scharfe Messer und Sparschäler sind das A und O, sonst wird das Schnippeln schnell zur Qual! Gute Qualität zahlt sich aus – ein Messerschärfer ebenso!

DER VORRAT MACHT'S!

Hat man immer eine Grundausstattung an lange haltbaren Lebensmitteln – wie etwa (Pseudo-)Getreide, Nüsse, Kerne, Samen, Dosentomaten, gekochte Hülsenfrüchten aus dem Glas – im Vorratsschrank, spart man sich oftmals den Extragang zum Supermarkt und kann auch ganz spontan leckere Gerichte kochen!

ELEKTRISCHE HELFER

Küchenmaschine, Blitzhacker, Hochleistungsmixer, Pürierstab, Handrührgerät & Co. unbedingt in der Küche einsetzen. Diese Geräte verrühren, hacken und pürieren die Zutaten in Sekundenschnelle. Das verkürzt die Arbeitszeit enorm!

ICE, ICE, BABY!

Obst, Gemüse und Kräuter aus dem Tiefkühlfach sind perfekt, wenn es beim Kochen schnell gehen muss. Alles ist bereits gewaschen, geputzt und zerkleinert und kann gleich in den Topf. Aber bitte auf die Zutatenliste achten! Manchmal wird auch diesen Produkten Zucker zugesetzt.

AUS GLAS ODER DOSE

Unbedingt zu gekochten Hülsenfrüchten aus Glas oder Dose greifen. Dann spart man sich lange Einweich- und Garzeiten. Auch hier einen Blick auf die Zutatenliste werfen: Ab und zu wird extra Zucker zugefügt!

Salz erst ins Wasser geben, wenn dieses bereits kocht. Salzwasser benötigt länger, bis es den Siedepunkt erreicht.

IT ALWAYS
SEEMS
IMPOSSIBLE
UNTIL
IT´S DONE!

BUNTER SMOOTHIE

Dieses Rezept ist besonders gut für Einsteiger in Sachen »Grüne Smoothies« geeignet: Spinat ist angenehm mild im Geschmack, Banane und Beeren sorgen für eine leichte Süße.

Für 2 Portionen

Zubereitungszeit: 10 Min.
Pro Portion: 165 kcal,
5 g E, 7 g F, 20 g KH

1 Banane
1 Handvoll Baby-Blattspinat
2 EL Feinblatt-Haferflocken
2 TL weißes Mandelmus
100 g TK-Himbeeren
1 Msp. gemahlene Vanille
½ TL getrocknete Gewürzblütenmischung

1. Die Banane schälen und in Stücke schneiden. Den Blattspinat verlesen, waschen und trocken schleudern.

2. Für die erste Smoothie-Schicht die Hälfte der Bananenstücke, Blattspinat, Haferflocken, 1 TL Mandelmus und 200 ml Wasser in einen Hochleistungsmixer geben und alles kräftig durchmixen. Den grünen Smoothie auf zwei Gläser verteilen. Den Mixbehälter auswaschen.

3. Für die zweite Schicht die restliche Banane mit den gefrorenen Himbeeren, übrigem Mandelmus (1 TL), Vanille und 200 ml Wasser in den Hochleistungsmixer geben und ebenfalls alles kräftig durchmixen. Den rosaroten Smoothie vorsichtig auf die Gläser verteilen, sodass sich die beiden Schichten nicht vermischen.

4. Zum Schluss den Smoothie noch mit der Gewürzblütenmischung bestreuen. Die Mischung lässt den Smoothie nicht nur hübsch aussehen, sie verleiht ihm auch ein besonderes Aroma!

LAKTOSEFREI

MANGO-VANILLE-SMOOTHIE

Für 2 Portionen
Zubereitungszeit: 10 Min.
Pro Portion: 135 kcal,
2 g E, 3 g F, 25 g KH

1 Mango
2 EL Feinblatt-Haferflocken
1 Msp. gemahlene Vanille
1 kleiner Stängel Minze
1 TL Kokosraspel

1. Die Mango schälen und das Fruchtfleisch in möglichst groben Stücken vom Kern schneiden. Mit Haferflocken, Vanille und 300 ml Wasser in einen Hochleistungsmixer geben und alles kräftig durchmixen. Den Smoothie auf zwei Gläser verteilen.

2. Die Minze abbrausen und trocken schütteln, die Blättchen abzupfen und eventuell in Streifen schneiden. Den Smoothie mit Minze und Kokosraspeln garnieren.

TIPP

Statt frischer Mango können auch 300 g TK-Mangostücke verwendet werden. Das spart etwas Arbeit. Wer möchte, kann die Mango vorher noch auftauen lassen.

VEGAN

HEIDELBEER-LIMETTEN-SMOOTHIE

Für 2 Portionen
Zubereitungszeit: 10 Min.
Pro Portion: 200 kcal,
5 g E, 13 g F, 14 g KH

150 g Heidelbeeren
½ Bio-Limette
2 EL weißes Mandelmus
2 EL Feinblatt-Haferflocken

1. Die Heidelbeeren verlesen, waschen und abtropfen lassen. Die Limette heiß waschen und abtrocken, die Schale mit einem Zestenreißer in möglichst feinen Streifen abziehen. Den Saft auspressen.

2. Heidelbeeren, Limettensaft, Mandelmus und Haferflocken mit 300 ml Wasser in einen Hochleistungsmixer geben und alles kräftig durchmixen. Den Smoothie auf zwei Gläser verteilen, mit Limettenzesten garnieren.

TIPP

Wer keinen Zestenreißer zur Hand hat, schneidet die Limettenschale mit einem sehr scharfen Messer hauchfein ab und teilt sie dann in möglichst dünne Streifen.

LAKTOSEFREI

PINKE SMOOTHIE-BOWL

Für 2 Portionen
Zubereitungszeit: 10 Min.
Pro Portion: 410 kcal,
10 g E, 25 g F, 36 g KH

2 Bananen
200 g TK-Himbeeren
100 g Kokosmilch
2 EL Leinsamen
100 g gemischte Beeren (z. B. Himbeeren, Heidelbeeren, Erdbeeren)
4 EL Granatapfelkerne
2 EL Kokoschips
2 EL Kürbiskerne

1. Die Bananen schälen und in Scheiben schneiden. Die Hälfte der Bananenscheiben mit den gefrorenen TK-Himbeeren, der Kokosmilch, 100 ml Wasser und den Leinsamen in einen Hochleistungsmixer geben. Alles pürieren und die Masse auf zwei Schüsseln verteilen.

2. Die gemischten Beeren verlesen, waschen, abtropfen lassen und falls nötig zerkleinern, dann ebenfalls in die Schüsseln geben. Die Smoothie-Bowls mit den übrigen Bananenscheiben, den Granatapfelkernen, den Kokoschips und den Kürbiskernen garnieren.

VARIANTE

Für eine **Grüne Smoothie-Bowl** 2 Bananen schälen und in dünne Scheiben schneiden. Die Hälfte der Bananen mit 200 g Baby-Blattspinat, 100 g Kokosmilch und 100 ml Wasser in einem Hochleistungsmixer pürieren, die Masse auf zwei Schüsseln verteilen. 1 Kiwi schälen und in dünne Scheiben schneiden. Beide Bowls mit Kiwischeiben, übrigen Bananenscheiben, 50 g Heidelbeeren, 50 g Himbeeren, 1 TL Leinsamen, 1 TL Sonnenblumenkernen und 1 TL Kürbiskernen garnieren.

HIRSE MIT OBSTSALAT

Für 2 Portionen

Zubereitungszeit: 20 Min.
Pro Portion: 420 kcal,
8 g E, 11 g F, 74 g KH

400 ml Mandeldrink
1 EL Ceylon-Zimtpulver
100 g Hirse
100 g gemischte Beeren (z. B. Himbeeren, Heidelbeeren, Johannisbeeren)
2 Aprikosen
120 g griechischer Joghurt (10 % Fett)

1. Den Mandeldrink mit dem Zimt in einem Topf erhitzen. Die Hirse dazugeben und in ca. 15 Min. bei mittlerer Hitze gar köcheln lassen, dabei ab und zu umrühren.

2. Inzwischen das Obst waschen und putzen, die Beeren falls nötig auch verlesen. Johannisbeeren von den Rispen streifen. Die Aprikosen halbieren, entsteinen und in kleine Würfel oder dünne Spalten schneiden.

3. Die gegarte Hirse auf zwei Schüsseln verteilen. Den Joghurt daraufhäufen und mit den Beeren und den Aprikosen garnieren.

TIPP

Die Hirse kann auch durch andere Pseudo-Getreidesorten ausgetauscht werden. Nimmt man beispielsweise Quinoa, bleibt das Gericht weiterhin glutenfrei und auch die Garzeit verändert sich nicht.

LAKTOSEFREI

BANANEN-SCHOKO-PORRIDGE

Für 2 Portionen

Zubereitungszeit: 15 Min.
Pro Portion: 370 kcal,
9 g E, 17 g F, 43 g KH

300 ml Haferdrink
60 g Feinblatt-Haferflocken
1 Msp. gemahlene Vanille
1 Banane
2 EL weißes Mandelmus
1 EL Kakaopulver (stark entölt)
½ TL Ceylon-Zimtpulver

1. Für den Porridge den Haferdrink in einem Topf zum Kochen bringen. Die Haferflocken und Vanille unterrühren und alles bei kleiner Hitze ca. 5 Min. köcheln lassen, dabei zwischendurch umrühren.

2. Inzwischen Banane schälen und in Scheiben schneiden. Das Mandelmus mit dem Kakaopulver verrühren.

3. Porridge auf zwei Schüsseln verteilen, die Bananenscheiben und die Mandelmus-Kakao-Mischung darauf anrichten. Mit Zimt bestreuen.

5-MINUTEN-GRANOLA AUS DER PFANNE

Für 10 Portionen
Zubereitungszeit: 10 Min.
(ohne Auskühlzeit)
Pro Portion: 60 kcal,
2 g E, 4 g F, 4 g KH

2 EL Mandeln
50 g Feinblatt-Haferflocken
2 EL Kokoschips
2 EL Kürbiskerne
1 TL Ceylon-Zimtpulver
2 EL Kokosöl

1. Die Mandeln grob hacken und mit den Haferflocken, den Kokoschips, den Kürbiskernen und dem Zimt in einer Schüssel vermischen.

2. Kokosöl in einer Pfanne erhitzen. Darin die Granola-Mischung bei mittlerer Hitze 5 Min. rösten, dabei zwischendurch umrühren.

3. Das Granola auskühlen lassen, in ein großes Schraubglas oder einen Vorratsbehälter füllen und gut verschließen. Haltbarkeit: ca. 3 Monate.

TIPP

Das Granola kann durch klein geschnittene Trockenfrüchte wie getrocknete Sauerkirschen, Aprikosen, Datteln oder Pflaumen sowie Rosinen ergänzt werden. Die gewünschte(n) Zutat(en) einfach kurz mitrösten.

VEGAN

HEIDELBEER-PANCAKES

Für 2 Portionen (8 Stück)

Zubereitungszeit: 25 Min.
Pro Portion: 440 kcal,
12 g E, 12 g F, 67 g KH

150 g Feinblatt-Haferflocken
½ TL Backpulver
1 Banane
300 ml Haferdrink
70 g Heidelbeeren
1 EL Kokosöl

1. Die Haferflocken in einem Hochleistungsmixer zu Mehl mahlen und in einer Schüssel mit dem Backpulver vermischen. Die Banane schälen, grob würfeln und mit dem Haferdrink im Mixer fein pürieren.

2. Den Bananen-Hafer-Mix zu den trockenen Zutaten geben und mit den Rührbesen des Handrührgeräts glatt verrühren. Die Heidelbeeren verlesen, waschen und 50 g Beeren vorsichtig unter den Teig heben. Die restlichen Heidelbeeren zur Seite stellen.

3. In zwei großen beschichteten Pfannen je ½ EL Kokosöl erhitzen. Nach und nach mit ausreichend Abstand je 2 EL Teig in die Pfannen geben, sodass kleine Pancakes entstehen. Die Pancakes in 3–5 Min. bei mittlerer Hitze goldbraun backen. Wenden und auch die zweite Seite bräunen.

4. Die Heidelbeer-Pancakes auf einen großen oder zwei kleine Teller stapeln und mit den restlichen Beeren garnieren. Sofort servieren.

TIPP

Sehr fein schmeckt dazu »Kokos natur« (Joghurtalternative aus Kokosmilch, ohne Zucker). Einfach einen Klecks davon mit auf die Teller geben.

BEEREN-SCHICHT-FRÜHSTÜCK

Wenige Minuten in das Schichten des Frühstücks zu investieren, zahlt sich aus: Das Auge isst schließlich mit! Und ein schön angerichtetes Gericht ist immer auch eine Wertschätzung gegenüber uns selbst.

Für 2 Portionen

Zubereitungszeit: 10 Min.
Pro Portion: 205 kcal,
5 g E, 13 g F, 19 g KH

120 g griechischer Joghurt (10 % Fett)
2 EL Kokosraspel
2 EL gepuffte Quinoa
200 g gemischte Beeren (z. B. Himbeeren, Heidelbeeren, Johannisbeeren, Erdbeeren)

1. Den Joghurt mit den Kokosraspeln und der gepufften Quinoa vermischen. Die Beeren verlesen und waschen. Johannisbeeren von den Rispen streifen. Erdbeeren je nach Größe halbieren, vierteln oder auch in dünne Scheiben schneiden.

2. Die Joghurtmischung und den Beeren-Mix in zwei (Schraub-)Gläser, Tassen oder Schüsseln schichten, dabei mit Beeren abschließen.

TIPP

Für eine vegane Alternative des Schicht-Frühstücks den griechischen Joghurt durch »Kokos natur« ersetzen, eine vegane Joghurtalternative aus Kokosmilch und ohne Zucker. Die Kokosraspel weglassen.

VEGAN

SÜSSKARTOFFEL-TOAST MIT OBST

Für 2 Portionen
Zubereitungszeit: 15 Min.
Pro Portion: 650 kcal,
12 g E, 26 g F, 94 g KH

2 Süßkartoffeln (je ca. 300 g)
1 Banane
50 g Heidelbeeren
4 EL braunes Mandelmus
1 TL Ceylon-Zimtpulver

1. Die Süßkartoffeln waschen und längs in ca. ½ cm dicke Scheiben schneiden. Jede Scheibe zwei- bis dreimal jeweils ca. 2 Min. auf höchster Stufe toasten, bis die Süßkartoffeln weich und leicht gebräunt sind.

2. Inzwischen die Banane schälen und in dünne Scheiben schneiden. Die Heidelbeeren verlesen und waschen.

3. Die Süßkartoffel-Toasts auf zwei Teller verteilen und mit Mandelmus bestreichen. Dann die Toasts mit den Bananenscheiben und den Heidelbeeren belegen. Zum Schluss alles noch mit Zimtpulver bestreuen.

GLUTENFREI

HERZHAFTER SÜSSKARTOFFEL-TOAST

Für 2 Portionen
Zubereitungszeit: 20 Min.
Pro Portion: 900 kcal,
11 g E, 62 g F, 75 g KH

2 Süßkartoffeln (je ca. 300 g)
60 g Kirschtomaten
2 EL Olivenöl
2 Avocados
4 EL Zitronensaft
½ Beet Gartenkresse
2 EL Sesam
Salz · Pfeffer

1. Die Süßkartoffeln waschen und längs in ca. ½ cm dicke Scheiben schneiden. Jede Scheibe zwei- bis dreimal jeweils ca. 2 Min. auf höchster Stufe toasten, bis die Süßkartoffeln weich und leicht gebräunt sind.

2. Inzwischen die Kirschtomaten waschen. Das Öl in einer Pfanne erhitzen. Darin die Tomaten 3–4 Min. anbraten. In der Zeit die Avocados längs halbieren und entkernen. Das Fruchtfleisch mit einem Esslöffel aus der Schale lösen und in ca. 1 cm dünne Scheiben schneiden. Die Avocadoscheiben mit Zitronensaft beträufeln.

3. Die Süßkartoffel-Toasts auf zwei Teller verteilen und mit Avocado und Tomaten belegen. Die Kresse vom Beet schneiden und die Toasts damit garnieren. Den Sesam aufstreuen, mit Salz und Pfeffer würzen.

AUBERGINEN-SHAKSHUKA

Für 2 Portionen
Zubereitungszeit: 20 Min.
Pro Portion: 320 kcal,
18 g E, 23 g F, 10 g KH

1 kleine rote Zwiebel
½ rote Chilischote
1 kleine Aubergine
2 EL Olivenöl
1 Dose gehackte Tomaten
(400 g, ohne Zucker)
4 Eier (M)
½ Bund glatte Petersilie
½ TL edelsüßes Paprikapulver
Salz · Pfeffer
1 TL Zitronensaft

1. Die Zwiebel schälen und klein würfeln. Chili waschen, weiße Trennwände und Kerne entfernen, die Chili in dünne Streifen schneiden oder fein hacken. Aubergine waschen, putzen und in 1 cm große Würfel schneiden.

2. Das Olivenöl in einer großen Pfanne erhitzen. Darin Zwiebel und Chili kurz andünsten. Die Aubergine dazugeben und 2–3 Min. anbraten, dabei die Pfanne mit einem Deckel abdecken. Dann die gehackten Tomaten unter die Aubergine mischen.

3. Mit einem Esslöffel vier Mulden in die Sauce drücken und jeweils 1 Ei hineinschlagen. Die Eier bei kleiner Hitze in 5–10 Min. in der Sauce stocken lassen, dabei die Pfanne bei Bedarf wieder mit dem Deckel verschließen. Während des Garens darauf achten, dass die Sauce nicht am Pfannenboden anbrennt.

4. Die Petersilie abbrausen und trocken schütteln, die Blättchen abzupfen und eventuell hacken. Shakshuka mit Paprikapulver, Salz und Pfeffer würzen. Sobald die Eier gestockt sind, den Zitronensaft über die Shakshuka träufeln, mit der Petersilie bestreuen und servieren.

LOW CARB

SPINAT-CHEDDAR-OMELETT

Für 2 Portionen

Zubereitungszeit: 15 Min.
Pro Portion: 410 kcal,
23 g E, 34 g F, 3 g KH

4 Eier (M)
50 ml Milch
½ TL frisch geriebene Muskatnuss
Salz · Pfeffer
60 g Baby-Blattspinat
2 EL Olivenöl
½ Bund glatte Petersilie
60 g geriebener Cheddar

1. Die Eier mit der Milch verquirlen und mit Muskat, Salz und Pfeffer würzen. Den Blattspinat verlesen, waschen und trocken schleudern.

2. Das Öl in zwei beschichteten Pfannen erhitzen. Die Eiermasse auf die Pfannen verteilen und bei mittlerer bis großer Hitze ca. 5 Min. braten, bis jeweils die untere Seite der Omeletts goldbraun gebräunt, die Oberfläche aber noch schön feucht ist.

3. Inzwischen die Petersilie abbrausen und trocken schütteln, die Blättchen abzupfen und grob hacken.

4. Den Cheddar und den Spinat auf die Omeletts geben und diese in der Mitte zusammenfalten. Die Omeletts auf Teller gleiten lassen, mit der Petersilie garnieren.

LOW CARB

TOMATEN-GURKEN-HÜTTENKÄSE

Für 2 Portionen

Zubereitungszeit: 10 Min.
Pro Portion: 120 kcal,
12 g E, 5 g F, 6 g KH

1 Tomate
½ Bio-Salatgurke
200 g körniger Frischkäse
1 TL Olivenöl
½ TL edelsüßes Paprikapulver
Salz · Pfeffer

1. Die Tomate waschen und in möglichst kleine Würfel schneiden, dabei den Stielansatz entfernen. Die Gurke waschen und ebenfalls sehr klein würfeln.

2. Den Frischkäse mit Olivenöl, Paprikapulver, Salz und Pfeffer verrühren. Die Tomaten- und Gurkenwürfel auf zwei Teller verteilen, den Frischkäse darüberlöffeln. Der Hüttenkäse kann pur gegessen werden, er schmeckt aber auch als Brotaufstrich (dafür alles vermischen).

TIPP

Um das Hüttenkäse-Frühstück ein wenig gehaltvoller zu machen, 40 g Hirse, Quinoa oder Vollkorn-Couscous kochen und zusätzlich untermengen.

HERZHAFTE BREAKFAST-BOWL

Für 2 Portionen
Zubereitungszeit: 20 Min.
Pro Portion: 345 kcal,
24 g E, 26 g F, 2 g KH

2 Eier (M)
150 g Champignons
2 EL Olivenöl
100 g Baby-Blattspinat
½ Bund glatte Petersilie
100 g Räucherlachs (in Scheiben)
Salz · Pfeffer

1. Die Eier in ausreichend Wasser in ca. 10 Min. hart kochen, dann kalt abschrecken, schälen und halbieren.

2. Inzwischen die Pilze putzen und halbieren. In einer Pfanne das Olivenöl erhitzen. Darin die Pilze bei großer Hitze 3–5 Min. braten, dabei ab und zu umrühren.

3. Blattspinat verlesen, waschen und trocken schleudern. Die Petersilie waschen und trocken schütteln, die Blättchen abzupfen und hacken.

4. Den Spinat mit Pilzen, Räucherlachs und Eiern in zwei Schüsseln anrichten und mit Salz und Pfeffer würzen. Mit der Petersilie garnieren.

TOMATENSUPPE MIT NUSSSCHAUM

Für 2 Portionen
Zubereitungszeit: 20 Min.
Pro Portion: 290 kcal,
8 g E, 21 g F, 15 g KH

4 Tomaten
1 rote Chilischote
2 Knoblauchzehen
2 EL Olivenöl
400 ml Gemüsebrühe
½ Bund Basilikum
50 g Cashew-Mus
Salz · Pfeffer

1. Die Tomaten waschen und in kleine Würfel schneiden, dabei die Stielansätze entfernen. Chili waschen, halbieren, weiße Trennwände und Kerne entfernen. Die Hälften in feine Ringe schneiden oder klein hacken. Den Knoblauch schälen und durch die Presse drücken.

2. Das Olivenöl in einem Topf erhitzen. Darin Tomaten, Chili und Knoblauch kurz anbraten. Mit der Gemüsebrühe ablöschen und ca. 10 Min. bei mittlerer Hitze köcheln lassen, dabei ab und zu mal umrühren.

3. Inzwischen für den Nussschaum Basilikum abbrausen und trocken schütteln, die Blättchen abzupfen. Mit Cashew-Mus und 50 ml Wasser in einen hohen Rührbecher geben und mit dem Pürierstab aufschäumen.

4. Die Tomatensuppe mit Salz und Pfeffer abschmecken. Die Suppe auf zwei Schüsseln verteilen und den Nussschaum darübergeben. Sofort servieren.

GLUTENFREI

SPARGELSUPPE MIT KERBEL

Die Kombination aus weißem Spargel, feinaromatischem Kerbel und frisch geriebener Muskatnuss schmeckt wunderbar nach Frühling. Unbedingt mal probieren!

Für 2 Portionen

Zubereitungszeit: 20 Min.
Pro Portion: 470 kcal,
7 g E, 43 g F, 10 g KH

500 g weißer Spargel
2 EL Olivenöl
750 ml Gemüsebrühe
1 Bund Kerbel
200 g Sahne
2 TL Zitronensaft
Salz · Pfeffer
1 TL frisch geriebene Muskatnuss

1. Den Spargel schälen und die holzigen Enden knapp abschneiden, die Stangen in kleine Stücke schneiden.

2. Das Olivenöl in einem Topf erhitzen. Darin den Spargel 1–2 Min. andünsten. Mit der Gemüsebrühe ablöschen und bei mittlerer Hitze 10 Min. köcheln lassen, bis die Spargelstücke gar sind.

3. Inzwischen Kerbel abbrausen und trocken schütteln, die Blättchen abzupfen. Die Hälfte des Kerbels für die Garnitur beiseitelegen, den Rest fein hacken und mit der Sahne und dem Zitronensaft zum Spargel geben.

4. Die Suppe mit dem Pürierstab fein pürieren. Mit Salz, Pfeffer und Muskat würzen. Die Spargelsuppe auf zwei Schüsseln verteilen, mit dem übrigen Kerbel garnieren.

TIPP

Wer die Suppe noch mit ein wenig Spargel garnieren möchte, fischt einfach ein paar gegarte Spargelstücke vor dem Pürieren aus der Brühe.

GLUTENFREI

KÜRBIS-LINSEN-SUPPE

Für 2 Portionen
Zubereitungszeit: 10 Min.
Garzeit: 15 Min.
Pro Portion: 305 kcal,
12 g E, 11 g F, 38 g KH

300 g Hokkaido-Kürbis
1 Möhre · 1 Zwiebel
1 Knoblauchzehe
1 EL Kokosöl
50 g gelbe Linsen
700 ml Gemüsebrühe
Salz · Pfeffer
½ TL frisch geriebene Muskatnuss
½ Bund glatte Petersilie
2 EL Kürbiskerne

1. Kürbis waschen, putzen und entkernen, Möhre schälen. Beides grob würfeln. Zwiebel schälen und fein würfeln. Den Knoblauch schälen und durch die Presse drücken.

2. Das Kokosöl in einem Topf erhitzen. Darin die vorbereiteten Zutaten und die Linsen 2–3 Min. bei mittlerer Hitze anbraten. Mit der Gemüsebrühe aufgießen und zugedeckt 15 Min. köcheln lassen, dabei ab und zu umrühren. Dann die Suppe mit dem Pürierstab fein pürieren. Mit Salz, Pfeffer und Muskat würzen.

3. Die Petersilie abbrausen und trocken schütteln, Blättchen abzupfen und bei Bedarf fein schneiden. Die Suppe auf zwei Schüsseln oder tiefe Teller verteilen. Mit der Petersilie und den Kürbiskernen garnieren.

VEGAN

FENCHEL-MÖHREN-SUPPE

Für 2 Portionen
Zubereitungszeit: 10 Min.
Garzeit: 10 Min.
Pro Portion: 150 kcal,
2 g E, 11 g F, 8 g KH

2 Möhren
1 Knolle Fenchel
1 Zwiebel
2 EL Olivenöl
750 ml Gemüsebrühe
Salz · Pfeffer
½ TL gemahlener Koriander
4 Stängel glatte Petersilie

1. Die Möhren schälen und grob würfeln. Den Fenchel putzen, waschen und in kleine Würfel schneiden. Die Zwiebel schälen und ebenfalls klein würfeln.

2. Das Olivenöl in einem Topf erhitzen und die Zwiebel darin in ca. 1 Min. glasig dünsten. Möhren und Fenchel dazugeben und bei großer Hitze 2–3 Min. braten. Mit der Gemüsebrühe aufgießen und zugedeckt 10 Min. köcheln lassen, dabei ab und zu mal umrühren. Dann die Suppe mit dem Pürierstab fein pürieren. Mit Salz, Pfeffer und Koriander würzen.

3. Petersilie abbrausen, trocken schütteln, Blättchen abzupfen, bei Bedarf fein schneiden. Suppe auf zwei tiefe Teller oder Schüsseln verteilen, mit Petersilie garnieren.

VEGAN

MAIS-GAZPACHO MIT POPCORN

Für 2 Portionen

Zubereitungszeit: 25 Min.
Pro Portion: 210 kcal,
7 g E, 5 g F, 33 g KH

Für die Gazpacho

1 gelbe Paprika
100 g gelbe Tomaten
½ Salatgurke
1 Schalotte
1 Knoblauchzehe
1 gelbe Chilischote (nach Belieben)
200 g Mais (aus dem Glas, ohne Zucker)
1 TL Zitronensaft
5 Eiswürfel (nach Belieben)
Salz · Pfeffer

Für das Popcorn

1 TL Rapsöl
2 EL Popcorn-Mais

1. Für die Gazpacho die Paprika waschen, halbieren, weiße Trennwände und Kerne entfernen. Die Tomaten waschen und die Stielansätze herausschneiden. Gurke, Schalotte und Knoblauch schälen. Falls verwendet, die Chili waschen, halbieren, weiße Trennwände und Kerne entfernen. Alles in grobe Würfel schneiden.

2. Alle vorbereiteten Zutaten mit Mais und Zitronensaft sowie (nach Belieben) den Eiswürfeln oder 100 ml Wasser in einen Hochleistungsmixer geben und zu einer Suppe mixen. Mit Salz und Pfeffer würzen.

3. Für das Popcorn einen kleinen Topf bei mittlerer Hitze heiß werden lassen. Das Rapsöl darin durch Schwenken des Topfs gleichmäßig verteilen. Popcorn-Mais hineingeben, Deckel auflegen. Nach wenigen Augenblicken beginnen die Körner aufzupoppen. Dann den Topf ab und zu rütteln, ohne ihn anzuheben – die Hitze soll beständig bleiben, damit das Aufpoppen nicht unterbrochen wird. Sobald keine Pop-Geräusche mehr zu hören sind, ist das Popcorn fertig.

4. Das Popcorn vom Herd nehmen, kurz abkühlen lassen. Die Gazpacho auf zwei Schüsseln oder tiefe Teller verteilen, das Popcorn als Topping daraufstreuen.

VEGAN

KALTE PILZSUPPE

Für 2 Portionen

Zubereitungszeit: 20 Min.
Pro Portion: 180 kcal,
8 g E, 11 g F, 11 g KH

200 g braune Champignons (Egerlinge)
1 Schalotte
1 Knoblauchzehe
50 g Cashew-Mus
Salz · Pfeffer
4 Zweige Thymian

1. Die Pilze putzen. Die Schalotte und den Knoblauch schälen und grob würfeln. Alles mit dem Cashew-Mus und 500 ml Wasser in einen Hochleistungsmixer geben und zu einer Suppe mixen. Mit Salz und Pfeffer würzen.

2. Die kalte Pilzsuppe auf zwei Schüsseln oder tiefe Teller verteilen. Thymian abbrausen und trocken schütteln, die Blättchen abzupfen und über die Suppe streuen. Zum Schluss noch etwas Pfeffer darübermahlen.

VARIANTE

Für eine **Kalte Avocado-Gurken-Suppe** 1 Bio-Salatgurke waschen, grob würfeln und mit dem Fruchtfleisch von ½ Avocado, 50 g Cashew-Mus, 1 EL Zitronensaft, 1 EL Olivenöl und 500 ml Wasser in einem Hochleistungsmixer zu einer Suppe mixen. Mit Salz und Pfeffer würzen. Die Suppe auf zwei Schüsseln oder tiefe Teller verteilen. Mit je 2 EL Sonnenblumenkernen und Kresse garnieren und noch etwas Pfeffer darübermahlen.

LOW CARB

BUNTER SALAT MIT PESTO

Für 2 Portionen

Zubereitungszeit: 20 Min.
Pro Portion: 585 kcal,
19 g E, 52 g F, 10 g KH

Für das Pesto

2 EL Pinienkerne
1 Bund Basilikum
Salz · 60 ml Olivenöl
20 g geriebener Parmesan

Für den Salat

1 gelbe Paprika
1 kleine rote Zwiebel
½ Bio-Salatgurke
150 g Kirschtomaten
125 g Mini-Mozzarella
1 TL Zitronensaft
Pfeffer

1. Für das Pesto die Pinienkerne in einer Pfanne 2–3 Min. bei mittlerer Hitze rösten. Das Basilikum abbrausen und trocken schütteln, die Blättchen abzupfen. Mit den Pinienkernen, ¼ TL Salz, Olivenöl und Parmesan in einen Hochleistungsmixer geben und fein pürieren.

2. Für den Salat die Paprika waschen, halbieren, weiße Trennwände und Kerne entfernen. Die Zwiebel schälen, die Gurke waschen und putzen. Alles in kleine Würfel schneiden. Die Kirschtomaten waschen und halbieren.

3. Alle vorbereiteten Salatzutaten in einer Schüssel vermischen. Die Mozzarella-Kugeln kurz abtropfen lassen, dann mit Zitronensaft und Pesto in die Schüssel geben. Den Salat vorsichtig vermengen, mit Pfeffer würzen.

CAPRESE-NUDELSALAT MIT RUCOLA

Für 2 Portionen

Zubereitungszeit: 20 Min.
Pro Portion: 550 kcal,
27 g E, 22 g F, 53 g KH

100 g kurze Vollkorn-Dinkelnudeln · Salz
2 EL Pinienkerne
250 g Kirschtomaten
50 g Rucola
100 g getrocknete Tomaten (in Öl, ohne Zucker)
125 g Mini-Mozzarella
1 EL Aceto balsamico (ohne Zucker)
Pfeffer
2 Knoblauchzehen (nach Belieben)

1. Die Nudeln nach Packungsanweisung in Salzwasser bissfest garen, in ein Sieb abgießen, kalt abschrecken und abtropfen lassen.

2. Inzwischen die Pinienkerne in einer Pfanne 2–3 Min. bei mittlerer Hitze rösten. Die Kirschtomaten waschen und halbieren. Rucola waschen und trocken schleudern, dicke Stiele abschneiden. Die getrockneten Tomaten abtropfen lassen (dabei 3 EL Öl auffangen) und klein schneiden. Den Mozzarella abtropfen lassen.

3. Das aufgefangene Tomatenöl mit Aceto balsamico, Salz und Pfeffer verrühren. Dann eventuell noch den Knoblauch schälen und dazupressen. Das Dressing mit den anderen Zutaten in eine Schüssel geben und vermischen. Nudelsalat mit Salz und Pfeffer abschmecken.

LOW CARB

GRÜNER BOHNENSALAT

Dieser Salat ist ein echtes kulinarisches Sommer-Highlight: Er ist schön bunt, herrlich erfrischend und zudem feinwürzig. Den Zitronensaft nicht weglassen, er sorgt für das gewisse Etwas!

Für 2 Portionen

Zubereitungszeit: 20 Min.
Pro Portion: 205 kcal,
13 g E, 13 g F, 10 g KH

250 g grüne Bohnen
Salz
1 EL Pinienkerne
1 kleine rote Zwiebel
1 Tomate
100 g Schafskäse (Feta)
1 TL Zitronensaft
Pfeffer

1. Die Bohnen waschen und putzen, sehr lange Bohnen nach Belieben eventuell quer halbieren. Ausreichend Wasser in einem Topf zum Kochen bringen, salzen. Die Bohnen hineingeben und zugedeckt bei mittlerer Hitze in ca. 10 Min. bissfest kochen. In ein Sieb abgießen, kalt abschrecken und abtropfen lassen.

2. Inzwischen die Pinienkerne in einer Pfanne 2–3 Min. bei mittlerer Hitze rösten. Die Zwiebel schälen und fein würfeln. Die Tomate waschen und in kleine Würfel schneiden, dabei die Stielansätze herausschneiden. Den Schafskäse in kleine Würfel schneiden oder mit den Händen grob zerbröckeln.

3. Die Bohnen mit Zwiebel, Tomate und Schafskäse in einer Schüssel vermengen. Die Pinienkerne und den Zitronensaft untermischen. Den Bohnensalat mit Salz und Pfeffer würzen.

LOW CARB

AVOCADO-GURKEN-SALAT MIT LACHS

Für 2 Portionen

Zubereitungszeit: 25 Min.
Pro Portion: 975 kcal,
44 g E, 83 g F, 11 g KH

2 Eier (M)
1 Avocado
4 EL Zitronensaft
1 Bio-Salatgurke
1 kleine rote Zwiebel
2 Stück Lachsfilet (à 150 g, ohne Haut)
4 EL Olivenöl
4 Stängel Dill
150 g griechischer Joghurt (10 % Fett)
1 EL Senf (ohne Zucker)
Salz · Pfeffer
2 EL Sesam (nach Belieben)

1. Die Eier in ausreichend Wasser in ca. 10 Min. hart kochen, dann kalt abschrecken, schälen und längs in dünne Spalten schneiden.

2. Inzwischen Avocado längs halbieren und entkernen. Das Fruchtfleisch mit einem Esslöffel aus der Schale lösen und 1 cm groß würfeln. 2 EL Zitronensaft über die Avocado träufeln.

3. Gurke waschen, putzen und in 1 cm große Würfel schneiden. Zwiebel schälen und fein würfeln. Beides mit der Avocado in einer Schüssel vermengen. Dann den Avocado-Gurken-Salat auf zwei Tellern verteilen und die Eierspalten darauf anrichten.

4. Die Lachsfilets mit Küchenpapier trocken tupfen. In einer Pfanne 2 EL Olivenöl erhitzen. Darin die Filets bei großer Hitze auf jeder Seite ca. 5 Min. braten.

5. In der Zwischenzeit den Dill abbrausen und trocken schütteln, die Spitzen abzupfen und ganz lassen oder fein hacken. Den Joghurt mit dem Dill, dem restlichen Zitronensaft (2 EL) und Olivenöl (2 EL), Senf, Salz und Pfeffer zu einem Dressing verrühren.

6. Die fertig gebratenen Lachsfilets salzen, pfeffern und auf dem Salat anrichten. Das Dressing über Salat und Lachs verteilen. Zum Schluss nach Belieben noch den Sesam darüberstreuen.

LAKTOSEFREI

AVOCADO-THUNFISCH-SALAT

Für 2 Portionen

Zubereitungszeit: 20 Min.
Pro Portion: 580 kcal,
26 g E, 50 g F, 4 g KH

2 Eier (M)
1 Avocado
½ Bio-Salatgurke
1 Römersalat
130 g Thunfisch in eigenem Saft (aus der Dose)
3 EL Zitronensaft
4 EL Olivenöl
Salz · Pfeffer

1. Die Eier in ausreichend Wasser in ca. 10 Min. hart kochen, dann kalt abschrecken, schälen und längs in dünne Spalten schneiden.

2. Inzwischen Avocado längs halbieren und entkernen. Das Fruchtfleisch mit einem Esslöffel aus der Schale lösen und 1 cm groß würfeln. Die Gurke waschen, putzen und in ebenso große Würfel schneiden. Den Römersalat waschen, putzen, längs vierteln und in mundgerechte Stücke schneiden. Den Thunfisch abtropfen lassen und grob zerpflücken.

3. Die Eier vorsichtig mit Avocado, Gurke, Römersalat und Thunfisch in einer Schüssel vermischen. Zitronensaft und Olivenöl über den Salat träufeln. Mit Salz und Pfeffer würzen und alles nochmal kurz durchmischen.

THUNFISCHSALAT MIT MAIS

Für 2 Portionen
Zubereitungszeit: 15 Min.
Pro Portion: 280 kcal,
20 g E, 14 g F, 16 g KH

½ Avocado
½ Bio-Salatgurke
250 g Kirschtomaten
100 g Mais (aus dem Glas, ohne Zucker)
130 g Thunfisch in eigenem Saft (aus der Dose)
2 EL Zitronensaft
Salz · Pfeffer
6 Stängel Basilikum

1. Die Avocado entkernen, das Fruchtfleisch mit einem Esslöffel aus der Schale lösen und 1 cm groß würfeln. Gurke waschen, putzen und in ebenso große Würfel schneiden. Die Tomaten waschen und halbieren.

2. Mais in einem Sieb abbrausen und abtropfen lassen. Den Thunfisch abtropfen lassen und grob zerpflücken. Beides mit Avocado, Gurke und Tomaten in einer Schüssel vermischen. Den Salat mit Zitronensaft, Salz und Pfeffer würzen, dann auf zwei Teller verteilen.

3. Das Basilikum abbrausen und trocken schütteln, die Blättchen abzupfen und über den Salat streuen.

LOW CARB

RÖMERSALAT MIT STREMELLACHS

Für 2 Portionen

Zubereitungszeit: 20 Min.
Pro Portion: 505 kcal,
46 g E, 33 g F, 4 g KH

2 Eier (M)
2 Römersalate
100 g Joghurt
1 EL Senf (ohne Zucker)
1 TL Zitronensaft
Salz · Pfeffer
250 g Stremellachs
(ohne Zucker)

1. Die Eier in ausreichend Wasser in ca. 10 Min. hart kochen, dann kalt abschrecken, schälen und längs in dünne Spalten oder in grobe Würfel schneiden.

2. Inzwischen die Römersalate waschen, putzen und der Länge nach vierteln. Die Salatviertel in mundgerechte Stücke schneiden und in eine Schüssel geben.

3. Für das Dressing Joghurt, Senf und Zitronensaft verrühren, mit Salz und Pfeffer würzen. Das Dressing in die Schüssel geben und mit dem Salat vermischen.

4. Den Römersalat mit den Eiern in zwei Schüsseln oder auf Tellern anrichten. Den Stremellachs in grobe Stücke zupfen und auf dem Salat verteilen. Nach Belieben noch einmal mit Salz und Pfeffer würzen.

TIPP

Wer keinen Stremellachs bekommt, kann stattdessen auch gebratenes Lachsfilet verwenden. Für eine knusprige Ergänzung 3 EL Sonnenblumen- oder Pinienkerne in einer Pfanne 2–3 Min. bei mittlerer Hitze goldbraun rösten und mit unter den Römersalat mischen.

VEGAN

BUNTER PAPRIKASALAT

Für 2 Portionen
Zubereitungszeit: 10 Min.
Pro Portion: 190 kcal,
3 g E, 16 g F, 8 g KH

1 rote Paprika
1 gelbe Paprika
½ Bio-Salatgurke
½ rote Zwiebel
1 EL Apfelessig
3 EL Olivenöl
Salz · Pfeffer
1 Bund glatte Petersilie
1 Stängel Minze

1. Die Paprika waschen, halbieren, weiße Trennwände und Kerne entfernen. Die Gurke waschen und putzen, die Zwiebel schälen. Alles in kleine Würfel schneiden und in eine Schüssel geben.

2. Den Apfelessig mit Olivenöl, Salz und Pfeffer zu einem Dressing verrühren. In die Schüssel geben und mit dem Paprikasalat vermengen.

3. Die Petersilie und die Minze abbrausen und trocken schütteln, die Blättchen abzupfen und hacken. Die Kräuter über den Salat streuen, servieren.

TIPP

Dieser Salat kann wunderbar durch Hülsenfrüchte aus dem Glas oder der Dose erweitert werden, beispielsweise mit Kichererbsen oder weißen Bohnen.

LOW CARB

SPARGELSALAT MIT EI

Für 2 Portionen

Zubereitungszeit: 25 Min.
Pro Portion: 425 kcal,
21 g E, 33 g F, 10 g KH

4 Eier (M)
500 g weißer Spargel
2 EL Sonnenblumenkerne
½ Bio-Salatgurke
½ Bund Radieschen
1 Schalotte
1 EL Apfelessig
2 EL Zitronensaft
3 EL Olivenöl
Salz · Pfeffer
½ Beet Gartenkresse

1. Die Eier in ausreichend Wasser in ca. 10 Min. hart kochen, dann kalt abschrecken, schälen, grob würfeln. Den Spargel waschen, schälen und die holzigen Enden entfernen. Die Stangen schräg in mundgerechte Stücke schneiden. In wenig Wasser in 10 Min. bissfest garen.

2. In der Zwischenzeit die Sonnenblumenkerne in einer Pfanne 2–3 Min. bei mittlerer Hitze rösten. Gurke und Radieschen waschen und putzen. Die Gurke in sehr kleine Würfel schneiden, die Radieschen in feine Scheiben. Die Schalotte schälen und fein würfeln.

3. Alle vorbereiteten Zutaten in eine Schüssel geben. Apfelessig, Zitronensaft, Olivenöl, Salz und Pfeffer verrühren. Das Dressing zum Salat geben, alles vermischen. Die Kresse vom Beet schneiden, eventuell fein hacken und über den Salat streuen.

SPARGELSALAT MIT ERDBEEREN

Für 2 Portionen

Zubereitungszeit: 20 Min.
Pro Portion: 485 kcal,
16 g E, 40 g F, 13 g KH

500 g grüner Spargel
5 EL Olivenöl
2 EL Sonnenblumenkerne
250 g Erdbeeren
100 g Baby-Blattspinat
1 EL Zitronensaft
Salz · Pfeffer
100 g Schafskäse (Feta)

1. Spargel waschen, holzige Enden abschneiden oder schälen. Die Stangen schräg in ca. 3 cm lange Stücke schneiden. In einer Pfanne 2 EL Öl erhitzen. Darin den Spargel bei mittlerer Hitze ca. 10 Min. braten, dabei ab und zu wenden.

2. Inzwischen in einer zweiten Pfanne die Sonnenblumenkerne 2–3 Min. bei mittlerer Hitze rösten. Erdbeeren verlesen, abbrausen, putzen und vierteln oder achteln. Blattspinat verlesen, waschen und trocken schleudern.

3. Spargel, Erdbeeren und Blattspinat auf zwei Teller verteilen. Restliches Olivenöl (3 EL) mit dem Zitronensaft verrühren, über den Salat geben. Mit Salz und Pfeffer würzen. Den Feta klein würfeln oder zerbröckeln und mit den Sonnenblumenkernen über den Salat streuen.

WASSERMELONEN-FETA-SALAT

Für 2 Portionen

Zubereitungszeit: 15 Min.
Pro Portion: 285 kcal,
11 g E, 21 g F, 14 g KH

250 g Wassermelone (möglichst kernfrei)
100 g Kichererbsen (aus dem Glas, ohne Zucker)
50 g Rucola
¼ Bio-Salatgurke
75 g Schafskäse (Feta)
1 EL Sonnenblumenkerne
2 Stängel Minze
2 EL Zitronensaft
2 EL Olivenöl
Salz · Pfeffer

1. Die Wassermelone von der Schale und, falls nötig, den Kernen befreien und in mundgerechte Stücke schneiden. Die Kichererbsen in ein Sieb abgießen, kalt abbrausen und abtropfen lassen.

2. Den Rucola waschen und trocken schleudern. Falls nötig, dicke Stiele abzwicken, die Blättchen etwas kleiner schneiden. Die Gurke waschen, putzen und in 1 cm große Würfel schneiden. Den Schafskäse in kleine Würfel schneiden oder zerbröckeln.

3. Die Sonnenblumenkerne in einer Pfanne 2–3 Min. bei mittlerer Hitze rösten. Minze abbrausen und trocken schütteln, die Blättchen abzupfen und fein hacken.

4. Die Wassermelone mit Kichererbsen, Rucola, Gurke und Schafskäse in eine Schüssel geben. Den Zitronensaft mit Olivenöl, Salz und Pfeffer verrühren und das Dressing zum Salat geben. Die Sonnenblumenkerne und die Minze ebenfalls dazugeben. Alles vermischen, den Salat mit Salz und Pfeffer abschmecken.

ZUCCHINI-MÖHREN-SALAT

Für 2 Portionen
Zubereitungszeit: 20 Min.
Pro Portion: 415 kcal,
17 g E, 33 g F, 13 g KH

2 Eier (M)
250 g Zucchini
2 Möhren
1 Bund kleine Radieschen
2 EL Sonnenblumenkerne
2 EL Kürbiskerne
1 EL Zitronensaft
1 EL Senf (ohne Zucker)
3 EL Olivenöl
Salz · Pfeffer

1. Die Eier in ausreichend Wasser in ca. 10 Min. hart kochen, dann kalt abschrecken, schälen und längs in dünne Spalten oder in grobe Würfel schneiden.

2. Inzwischen die Zucchini waschen und putzen, die Möhren schälen. Beides mit dem Sparschäler der Länge nach in möglichst dünne Streifen schneiden. Die Radieschen waschen, putzen und vierteln.

3. Die Sonnenblumen- und Kürbiskerne in einer Pfanne 2–3 Min. bei mittlerer Hitze rösten. Mit den Eiern, den Zucchini, den Möhren und den Radieschen vorsichtig in einer Schüssel vermengen.

4. Zitronensaft, Senf, Olivenöl, Salz und Pfeffer verrühren. Das Dressing in die Schüssel geben und mit dem Salat vermischen. Den Zucchini-Möhren-Salat auf zwei Teller oder Schalen verteilen und servieren.

TIPP

Ist der Hunger groß, kann man den Salat jederzeit um weitere Zutaten ergänzen. Gut passen beispielsweise rote oder gelbe Paprika und Kohlrabi.

FRUCTOSEARM

SALAT MIT BEEREN UND ZIEGENKÄSE

Für 2 Portionen
Zubereitungszeit: 20 Min.
Pro Portion: 530 kcal,
11 g E, 41 g F, 27 g KH

1 Radicchio
1 Römersalat
60 g Kirschtomaten
2 EL Pinienkerne
100 g Ziegenweichkäse (von der Rolle, ca. 5 cm Ø)
4 EL Olivenöl
120 g Himbeeren
1 TL Apfelessig
1 TL Senf (ohne Zucker)
Salz · Pfeffer

1. Vom Radicchio- und Römersalat die Blätter ablösen, waschen, trocken schleudern und in mundgerechte Stücke schneiden. Tomaten waschen und halbieren. Alles in eine Schüssel geben.

2. Die Pinienkerne in einer Pfanne 2–3 Min. bei mittlerer Hitze rösten, dann herausnehmen. Den Ziegenkäse in 4 gleich dicke Scheiben schneiden. 2 EL Olivenöl in der Pfanne erhitzen und darin die Käsescheiben von beiden Seiten in je 2–3 Min. goldbraun anbraten.

3. Inzwischen Himbeeren verlesen, falls nötig waschen und trocken tupfen. 50 g Himbeeren, übriges Öl (2 EL), Essig und Senf mit 4 EL Wasser pürieren. Dressing mit Salz und Pfeffer würzen, mit dem Salat vermischen. Den Salat mit dem Käse, den restliche Beeren (70 g) und den Pinienkernen auf Tellern anrichten.

SALAT MIT ZIEGENKÄSE, TRAUBEN UND WALNÜSSEN

Für 2 Portionen
Zubereitungszeit: 15 Min.
Pro Portion: 445 kcal,
12 g E, 38 g F, 14 g KH

1 Römersalat
½ Bio-Salatgurke
1 kleine rote Zwiebel
200 g Kirschtomaten
80 g blaue Weintrauben
100 g Ziegenweichkäse (von der Rolle)
2 EL Walnusskerne
1 EL Apfelessig
1 EL Senf (ohne Zucker)
3 EL Olivenöl
Salz · Pfeffer

1. Den Römersalat waschen, putzen, längs vierteln und in mundgerechte Stücke schneiden. Die Gurke waschen, putzen und in 1 cm große Würfel schneiden. Zwiebel schälen, halbieren und in feine Spalten schneiden. Die Tomaten und Trauben waschen und halbieren.

2. Den Ziegenkäse grob würfeln, die Walnüsse grob hacken. Beides mit den übrigen vorbereiteten Zutaten in einer Schüssel mischen.

3. Apfelessig mit Senf und Öl verrühren. Das Dressing mit Salz und Pfeffer würzen und in die Schüssel geben. Alles vorsichtig, aber gründlich vermischen.

VEGAN

MANGO-GURKEN-SALAT

Ein süß-scharfer Salat, der sich auch als Meal-Prep-Mahlzeit bestens eignet. Einfach am Vorabend eine größere Menge zubereiten und »den Rest« dann am nächsten Tag mit zur Arbeit nehmen.

Für 2 Portionen

Zubereitungszeit: 15 Min.
Pro Portion: 160 kcal,
6 g E, 2 g F, 29 g KH

1 Mango
2 EL Limettensaft
½ Bio-Salatgurke
1 kleine rote Zwiebel
1 rote Chilischote
150 g weiße Bohnen
(aus dem Glas)
Salz · Pfeffer
2 Stängel Minze

1. Die Mango schälen und das Fruchtfleisch in möglichst großen Stücken vom Kern schneiden, dann in dünne Spalten oder kleine Stücke schneiden. Den Limettensaft gleichmäßig darüberträufeln.

2. Die Gurke waschen, putzen und in 1 cm große Würfel schneiden. Die Zwiebel schälen und fein würfeln. Die Chili waschen, halbieren, weiße Trennwände und Kerne entfernen. Die Hälften in feine Streifen schneiden. Die Bohnen in einem Sieb abbrausen und abtropfen lassen.

3. Alle vorbereiteten Zutaten in eine Schüssel geben und vermischen. Mit Salz und Pfeffer würzen. Die Minze abbrausen und trocken schütteln, die Blättchen abzupfen, fein schneiden und über den Salat streuen.

GURKENSALAT MIT FETA UND DILL

Für 2 Portionen
Zubereitungszeit: 15 Min.
Pro Portion: 345 kcal,
20 g E, 26 g F, 8 g KH

½ Bio-Salatgurke
160 g Schafskäse (Feta)
1 kleine rote Zwiebel
4 EL Sonnenblumenkerne
4 Stängel Dill
50 g Joghurt
1 EL Zitronensaft
1 Knoblauchzehe
(nach Belieben)
Salz · Pfeffer

1. Die Gurke waschen, putzen und in 1 cm große Würfel schneiden. Den Schafskäse in ebenso große Würfel schneiden. Zwiebel schälen und in Ringe schneiden. Alles in eine Schüssel geben und locker vermischen.

2. Die Sonnenblumenkerne in einer Pfanne 2–3 Min. bei mittlerer Hitze rösten. Den Dill waschen und trocken schütteln, die Spitzen abzupfen und grob hacken.

3. Den Joghurt mit dem Zitronensaft verrühren. Eventuell den Knoblauch schälen und dazupressen. Das Dressing mit Salz und Pfeffer würzen. Zum Salat in die Schüssel geben und alles vermischen.

4. Den Salat auf Schalen oder Teller verteilen und die Sonnenblumenkerne und den Dill darüberstreuen.

TIPP

Der Gurkensalat schmeckt auch mit grob gehackten Walnusskernen sehr gut (diese aber nicht anrösten). Die Sonnenblumenkerne dann weglassen.

GLUTENFREI

KICHERERBSEN-SALAT MIT TOMATEN

Für 2 Portionen
Zubereitungszeit: 10 Min.
Pro Portion: 410 kcal,
18 g E, 27 g F, 23 g KH

400 g Kichererbsen (aus dem Glas, ohne Zucker)
100 g Kirschtomaten
1 kleine rote Zwiebel
100 g Schafskäse (Feta)
2 Blättchen Salbei
1 EL Zitronensaft
1 EL Apfelessig
3 EL Olivenöl
Salz · Pfeffer

1. Kichererbsen in einem Sieb abbrausen und abtropfen lassen. Die Tomaten waschen und halbieren. Zwiebel schälen und fein würfeln. Schafskäse in kleine Würfel schneiden oder zerbröckeln. Die Salbeiblättchen abbrausen, trocken tupfen, in feine Streifen schneiden.

2. Alle vorbereiteten Zutaten in eine Schüssel geben. Zitronensaft mit Apfelessig, Olivenöl, Salz und Pfeffer verrühren. Das Dressing zum Kichererbsensalat geben und alles locker vermischen.

TIPP

Wer möchte, kann anstatt des Salbeis auch glatte Petersilie, Minze oder Basilikum verwenden.

KICHERERBSENSALAT MIT PAPRIKA UND ZUCCHINI

Für 2 Portionen
Zubereitungszeit: 15 Min.
Pro Portion: 180 kcal,
8 g E, 6 g F, 22 g KH

100 g Kichererbsen (aus dem Glas, ohne Zucker)
100 g Mais (aus dem Glas, ohne Zucker)
1 rote Paprika
1 kleiner Zucchino
1 kleine rote Zwiebel
100 g Joghurt
1 EL Zitronensaft
1 TL Olivenöl
Salz · Pfeffer
½ Bund glatte Petersilie

1. Die Kichererbsen in einem Sieb abbrausen, den Mais dazugeben und beides abtropfen lassen. Die Paprika waschen, halbieren, weiße Trennwände und Kerne entfernen. Die Hälften in kleine Würfel schneiden. Den Zucchino waschen und putzen, die Zwiebel schälen und beides ebenfalls klein würfeln.

2. Alle vorbereiteten Zutaten in eine Schüssel geben. Den Joghurt mit Zitronensaft und Olivenöl verrühren. Das Dressing mit Salz und Pfeffer würzen und in die Schüssel geben. Alles vermischen.

3. Die Petersilie abbrausen und trocken schütteln, die Blättchen abzupfen und grob hacken oder in feine Streifen schneiden. Den Salat damit garnieren.

RUCOLASALAT MIT APFEL-ZIEGENKÄSE

Für 2 Portionen

Zubereitungszeit: 25 Min.
Pro Portion: 560 kcal,
17 g E, 51 g F, 9 g KH

1 säuerlicher Apfel
200 g Ziegenweichkäse
(von der Rolle, ca. 8 cm Ø)
2 EL Pinienkerne
100 g Rucola
3 EL Olivenöl
1 EL Apfelessig
Salz · Pfeffer

Außerdem

Kerngehäuseausstecher

1. Den Backofen auf 200° vorheizen. Ein Backblech mit Backpapier auslegen. Den Apfel waschen und das Kerngehäuse mit dem Kerngehäuseausstecher sorgfältig entfernen. Den Apfel in 4 Ringe (ca. 1 cm dick) schneiden, dabei die Randstücke abschneiden und gleich essen oder anderweitig verwenden. Den Ziegenkäse in 4 gleich dicke Scheiben schneiden.

2. Die Apfelringe nebeneinander auf das Blech legen und mit je 1 Scheibe Ziegenkäse belegen. Das Blech in den Ofen (Mitte) schieben und die Apfel-Ziegenkäse ca. 15 Min. backen, bis der Käse zu schmelzen beginnt.

3. Inzwischen die Pinienkerne in einer Pfanne 2–3 Min. bei mittlerer Hitze rösten. Den Rucola waschen und trocken schleudern. Falls nötig, dicke Stiele abzwicken und die Blättchen klein schneiden. Für das Dressing Öl und Essig verrühren, mit Salz und Pfeffer würzen.

4. Das Dressing unter den Rucola heben und den Salat auf zwei Teller verteilen. Je 2 Apfel-Ziegenkäse daraufsetzen, mit den Pinienkernen bestreuen und eventuell alles noch mit etwas Salz und Pfeffer abrunden. Dazu passt selbst gebackenes Brot sehr gut.

FENCHEL-RUCOLA-SALAT MIT APFEL

Für 2 Portionen

Zubereitungszeit: 15 Min.
Pro Portion: 345 kcal,
12 g E, 28 g F, 10 g KH

1 Knolle Fenchel
1 Apfel
2 EL Zitronensaft
50 g Rucola
2 EL Pinienkerne
3 EL Olivenöl
1 EL Apfelessig
Salz · Pfeffer
50 g Parmesan
(am Stück)

1. Den Fenchel waschen, putzen, längs halbieren oder vierteln und quer in feine Scheiben schneiden. Apfel waschen, vierteln, entkernen und in dünne Spalten schneiden. Den Zitronensaft über den Apfel träufeln.

2. Den Rucola waschen und trocken schleudern. Falls nötig, dicke Stiele abzwicken und die Blättchen klein schneiden. Mit den Fenchelscheiben und den Apfelspalten in einer Schüssel vermischen.

3. Die Pinienkerne in einer Pfanne 2–3 Min. bei mittlerer Hitze rösten. Für das Dressing Olivenöl und Apfelessig verrühren, mit Salz und Pfeffer würzen. Das Dressing in die Schüssel geben und mit dem Salat vermischen.

4. Den Fenchel-Rucola-Salat auf zwei Schüsseln oder Teller verteilen. Mit einem Sparschäler vom Parmesan Späne abziehen und über den Salat geben. Zum Schluss noch die Pinienkerne darüberstreuen.

TIPP

Den Apfel einfach mal durch eine Birne ersetzen, das schmeckt ebenfalls sehr lecker! Und wer andere Fruchtessige vorrätig hat, kann auch hier variieren.

LOW CARB

RADIESCHEN-SALAT

Für 2 Portionen

Zubereitungszeit: 15 Min.
Pro Portion: 150 kcal,
7 g E, 9 g F, 11 g KH

2 Bund Radieschen
4 Frühlingszwiebeln
2 EL Walnusskerne
¼ Bund Schnittlauch
100 g Joghurt
Salz · Pfeffer

1. Die Radieschen waschen, putzen und in feine Scheiben schneiden. Die Frühlingszwiebeln waschen, putzen und in dünne Ringe schneiden. Die Walnusskerne grob oder fein hacken. Alles in einer Schüssel vermischen.

2. Den Schnittlauch abbrausen, trocken schütteln, in Röllchen schneiden und mit dem Joghurt verrühren. Das Dressing mit Salz und Pfeffer würzen und dann unter den Radieschensalat heben.

TIPP

Wer möchte, ergänzt den Radieschensalat noch mit ein paar Gemüsesorten: Gurke und Möhren oder weißer Spargel passen beispielsweise hervorragend.

VEGAN

CHICORÉE-SCHIFFCHEN MIT PFLAUMENCREME

Für 2 Portionen

Zubereitungszeit: 15 Min.
Pro Portion: 520 kcal,
6 g E, 43 g F, 25 g KH

4 Trockenpflaumen
2 Chicorée
1 rote Zwiebel
2 Orangen
4 EL Walnusskerne
6 EL Olivenöl
1 EL Apfelessig
Salz · Pfeffer

1. Für die Creme die Trockenpflaumen mit heißem Wasser übergießen und 10 Min. einweichen, dann das Einweichwasser abgießen.

2. Inzwischen vom Chicorée die Blätter ablösen, waschen und trocken schleudern. Zwiebel schälen und in feine Spalten schneiden. Orangen so schälen, dass auch die weiße Haut mit entfernt wird. Die Fruchtfilets zwischen den Häuten herausschneiden. Die Nüsse grob hacken.

3. Die abgegossenen Pflaumen klein schneiden und mit dem Olivenöl und dem Apfelessig mit dem Pürierstab fein pürieren. Die Creme mit Salz und Pfeffer würzen. Jedes Chicoréeblatt mit Orangenfilets und Zwiebelspalten befüllen. Die Creme darauf verteilen und die Chicorée-Schiffchen mit den Walnüssen garnieren.

GRÜNKOHLSALAT

Ein super leckerer Wintersalat, der dank der Kombination aus komplexen Kohlenhydraten, Proteinen und gesunden Fetten langanhaltend sättigt, ohne zu beschweren.

Für 2 Portionen

Zubereitungszeit: 25 Min.
Pro Portion: 910 kcal,
26 g E, 74 g F, 34 g KH

80 g Quinoa
200 g Grünkohl
6 EL Olivenöl
1 vollreife Avocado
2 EL Zitronensaft
Salz · Pfeffer
100 g Linsen (aus der Dose)
4 EL Mandeln
80 g Schafskäse (Feta)

1. Quinoa in ein Sieb geben, abbrausen und abtropfen lassen. In einem Topf 250 ml Wasser aufkochen. Die Quinoa dazugeben und bei mittlerer Hitze in 15 Min. gar köcheln lassen, dabei zwischendurch umrühren. Dann die Quinoa abgießen und abtropfen lassen.

2. Inzwischen den Grünkohl sehr gründlich waschen und trocken schütteln. Die Blätter in mundgerechten Stücken von den Stielen schneiden oder zupfen (dabei faserige Teile entfernen). Grünkohl mit 2 EL Olivenöl in eine Schüssel geben und den Kohl mit den Händen 2–3 Min. kneten, bis die Blätter geschmeidig sind.

3. Für das Dressing die Avocado längs halbieren und entkernen. Das Fruchtfleisch mit einem Esslöffel aus der Schale lösen und grob würfeln. Mit Zitronensaft und restlichem Olivenöl (4 EL) mit dem Pürierstab fein pürieren. Dabei gegebenenfalls noch etwas Wasser untermixen, um das Dressing cremiger zu machen. Mit Salz und Pfeffer würzen.

4. Die Linsen in einem Sieb abtropfen lassen, dann mit der Quinoa und dem Grünkohl auf zwei Teller verteilen. Die Mandeln grob hacken und darüberstreuen. Den Schafskäse klein würfeln und ebenfalls darübergeben. Zum Schluss noch das Dressing auf dem Salat verteilen.

LINSENSALAT MIT RÖSTTOMATEN

Für 2 Portionen
Zubereitungszeit: 20 Min.
Pro Portion: 430 kcal,
19 g E, 30 g F, 20 g KH

200 g Kirschtomaten (nach Belieben noch an der Rispe)
4 EL Olivenöl
250 g Linsen (aus der Dose)
100 g Schafskäse (Feta)
1 kleine rote Zwiebel
½ Bund glatte Petersilie
1 EL Zitronensaft
Salz · Pfeffer

1. Die Kirschtomaten waschen. Eine kleine Auflaufform mit 1 EL Olivenöl einpinseln und Tomaten in der Form verteilen. Die Form in den kalten Backofen (Mitte) stellen und den Ofen auf 220° erhitzen. Die Tomaten 15 Min. rösten, bis sie heiß sind und aufplatzen.

2. Inzwischen die Linsen in einem Sieb abtropfen lassen. Den Schafskäse in kleine Würfel schneiden oder zerbröckeln. Die Zwiebel schälen und fein würfeln. Die Petersilie abbrausen und trocken schütteln, die Blättchen abzupfen und grob hacken. Alles in eine Schüssel geben und locker vermischen.

3. Für das Dressing das übrige Olivenöl (3 EL) und den Zitronensaft verrühren, mit Salz und Pfeffer würzen. Das Dressing in die Schüssel geben und mit dem Salat vermischen. Den Linsensalat mit den Rösttomaten auf zwei Tellern oder in Schüsseln anrichten.

TIPP

Auch Hülsenfrüchten aus Glas oder Dose wird manchmal Zucker zugesetzt. Deshalb immer die Zutatenliste prüfen oder – wenn mehr Zeit ist – getrocknete Linsen vorkochen, einfrieren und dann bei Bedarf auftauen.

VEGAN

AVOCADO-SCHIFFCHEN

Für 2 Portionen
Zubereitungszeit: 15 Min.
Pro Portion: 450 kcal,
4 g E, 45 g F, 6 g KH

½ rote Paprika
1 Stück Mango (ca. 50 g)
2 Avocados
4 EL Zitronensaft
Salz · Pfeffer
4 Stängel glatte Petersilie

Außerdem
Kugelausstecher

1. Die Paprika waschen, weiße Trennwände und Kerne entfernen, Paprika in kleine Würfel schneiden. Die Mango schälen und ebenfalls klein würfeln. Beides in eine Schüssel geben.

2. Avocados längs halbieren und entkernen. Das Fruchtfleisch bis auf einen ca. ½ cm breiten Rand mit einem Kugelausstecher ausstechen. Das Innere der Avocadoschiffchen mit wenig Zitronensaft und Salz würzen.

3. Den übrigen Zitronensaft und die Avocadokugeln zur Paprika-Mango-Mischung geben und alles vorsichtig vermengen. Mit Salz und Pfeffer würzen. Die Mischung in die Avocadoschiffchen füllen. Petersilie abbrausen und trocken schütteln, die Blättchen abzupfen, grob hacken und über die Avocadoschiffchen streuen.

LACHS MIT AVOCADO-SALSA

Für 2 Portionen
Zubereitungszeit: 20 Min.
Pro Portion: 730 kcal,
32 g E, 65 g F, 4 g KH

1 Avocado
1 Tomate
½ rote Zwiebel
½ Bund glatte Petersilie
2 Stück Lachsfilet (à 150 g, ohne Haut)
4 EL Olivenöl
4 EL Zitronensaft
2 TL Senf (ohne Zucker)
Salz · Pfeffer

1. Die Avocado längs halbieren und entkernen. Das Fruchtfleisch mit einem Esslöffel aus der Schale lösen und sehr klein würfeln. Tomate waschen und ebenfalls klein würfeln, dabei den Stielansatz entfernen. Zwiebel schälen und fein würfeln. Die Petersilie abbrausen und trocken schütteln, Blättchen abzupfen und fein hacken. Alle Zutaten in einer Schüssel vermischen.

2. Die Lachsfilets mit Küchenpapier trocken tupfen. In einer Pfanne 2 EL Olivenöl erhitzen. Darin die Filets bei großer Hitze auf jeder Seite ca. 5 Min. braten.

3. Inzwischen für das Dressing Zitronensaft, Senf und das übrige Öl (2 EL) verrühren, mit Salz und Pfeffer würzen. Das Dressing unter die Avocado-Salsa mischen. Den Lachs salzen, pfeffern und mit der Salsa anrichten.

CHAMPIGNONS MIT KNOBLAUCHSAUCE

Für 2 Portionen

Zubereitungszeit: 20 Min.
Pro Portion: 575 kcal,
12 g E, 54 g F, 10 g KH

500 g braune Champignons (Egerlinge)
2 EL Olivenöl
200 g Crème fraîche
150 g Joghurt
½ TL Zitronensaft
2 Knoblauchzehen
1 TL edelsüßes Paprikapulver
Salz · Pfeffer
¼ Bund Schnittlauch

1. Die Champignons putzen. Das Olivenöl in einer Pfanne erhitzen. Darin die Pilze bei großer Hitze braten, bis sie anfangen Wasser zu ziehen. Auf mittlere Hitze zurückschalten und die Champignons weiterbraten, bis das Wasser verdunstet ist, dabei ab und zu umrühren.

2. Inzwischen für die Knoblauchsauce die Crème fraîche und den Joghurt mit Zitronensaft verrühren. Die Knoblauchzehen schälen und dazupressen. Die Sauce mit Paprikapulver, Salz und Pfeffer würzen.

3. Den Schnittlauch abbrausen, trocken schütteln und in Röllchen schneiden. Die Champignons mit der Knoblauchsauce anrichten und mit Schnittlauch garnieren.

VARIANTE

Für eine **Champignon-Pasta** 200 g Vollkorn-Nudeln nach Packungsanweisung bissfest kochen. Inzwischen 500 g Champignons putzen und halbieren. 2 Knoblauchzehen schälen und durchpressen. 2 EL Olivenöl in einer Pfanne erhitzen, darin den Knoblauch und die Pilze 2–3 Min. anbraten. Mit 200 g Sahne ablöschen und 5 Min. bei mittlerer Hitze köcheln lassen. Mit Salz und Pfeffer würzen. Die Pasta mit der Champignonsauce anrichten und mit gehackter Petersilie garnieren.

ZUCCHINI-TOMATEN-GRATIN

Für 2 Portionen
Zubereitungszeit: 10 Min.
Backzeit: 10 Min.
Pro Portion: 365 kcal,
20 g E, 29 g F, 5 g KH

1 Zucchino
250 g Tomaten
2 EL Olivenöl
Salz · Pfeffer
200 g Schafskäse (Feta)

1. Den Backofen auf 220° vorheizen. Zucchino waschen, putzen und in feine Scheiben schneiden. Die Tomaten waschen und ebenfalls in feine Scheiben schneiden, dabei die Stielansätze entfernen.

2. Zwei kleine Auflaufformen mit dem Olivenöl einpinseln. Die Zucchini- und Tomatenscheiben dachziegelartig hineinlegen und mit Salz und Pfeffer würzen. Den Schafskäse über das Gemüse bröckeln.

3. Die Auflaufformen in den Ofen (Mitte) schieben und das Gemüse ca. 10 Min. gratinieren, bis es schön weich und der Schafskäse goldbraun ist.

TIPP

Optional noch ein paar dünne Auberginenscheiben mit den Zucchini- und Tomatenscheiben in die Formen einschichten und die Gratins nach dem Backen mit frisch gehackten Kräutern der Provence bestreuen.

VEGAN

OFEN-RATATOUILLE

Für 2 Portionen
Zubereitungszeit: 10 Min.
Backzeit: 10 Min.
Pro Portion: 290 kcal,
8 g E, 23 g F, 14 g KH

1 Zucchino
1 Aubergine
1 rote Paprika
1 gelbe Paprika
2 rote Zwiebeln
2 Knoblauchzehen
1 Bund Kräuter der Provence
4 EL Olivenöl
Salz · Pfeffer

1. Den Backofen auf 220° vorheizen. Ein Backblech mit Backpapier auslegen. Den Zucchino und die Aubergine waschen, putzen und in sehr kleine Würfel schneiden. Paprika waschen, halbieren, weiße Trennwände und Kerne entfernen. Die Hälften ebenfalls klein würfeln.

2. Die Zwiebeln schälen und in dünne Spalten schneiden. Knoblauch schälen und durchpressen. Die Kräuter abbrausen und trocken schütteln, Blättchen fein hacken.

3. Alle vorbereiteten Zutaten mit dem Olivenöl in einer Schüssel vermischen, mit Salz und Pfeffer würzen. Das Gemüse auf dem Blech verteilen und im Ofen (Mitte) 10 Min. backen, dabei nach ca. 5 Min. wenden.

GEMÜSEPÄCKCHEN

Für 2 Portionen
Zubereitungszeit: 10 Min.
Backzeit: 15 Min.
Pro Portion: 360 kcal,
13 g E, 30 g F, 10 g KH

1 kleiner Zucchino
1 orange Paprika
150 g bunte Kirschtomaten
50 g schwarze Oliven
(ohne Stein)
2 EL Olivenöl
2 Knoblauchzehen
4 Stängel Thymian
2 Stängel Rosmarin
Salz · Pfeffer
100 g Mini-Mozzarella
(ersatzweise zerbröckelter
Schafskäse)

1. Backofen auf 220° vorheizen. Bei 2 Bogen Backpapier jeweils zwei gegenüberliegende Enden so zusammendrehen, dass kleine ovale »Förmchen« entstehen.

2. Zucchino waschen, putzen und in sehr kleine Würfel schneiden. Paprika waschen, halbieren, weiße Trennwände und Kerne entfernen. Die Hälften ebenfalls klein würfeln. Tomaten waschen und halbieren oder vierteln.

3. Das Gemüse mit Oliven und Olivenöl in eine Schüssel geben. Knoblauch schälen und dazupressen. Thymian und Rosmarin abbrausen und trocken schütteln, die Blättchen abzupfen und zum Gemüse geben. Mit Salz und Pfeffer würzen, alles vermischen.

4. Das Gemüse in den Backpapier-Förmchen verteilen und im Ofen (Mitte) 15 Min. backen. Herausnehmen und die Mini-Mozzarella auf dem Gemüse verteilen.

GEFÜLLTE AUBERGINEN

Für 2 Portionen
Zubereitungszeit: 15 Min.
Backzeit: 15 Min.
Pro Portion: 305 kcal,
15 g E, 23 g F, 9 g KH

2 schlanke Auberginen
(à ca. 300 g)
250 g Kirschtomaten
Salz · Pfeffer
3 EL Olivenöl
80 g geriebener Gouda

1. Den Backofen auf 220° vorheizen. Die Auberginen waschen, putzen und längs halbieren. Aus den Hälften das Fruchtfleisch mit einem Löffel herauslösen, dabei rundherum einen ca. ½ cm breiten Rand stehen lassen.

2. Das herausgelöste Auberginenfruchtfleisch in sehr kleine Würfel schneiden. Die Tomaten waschen, vierteln und mit den Auberginenwürfeln vermischen. Mit Salz und Pfeffer würzen.

3. Eine Auflaufform mit 1 EL Olivenöl einpinseln. Die Auberginenhälften in die Form setzen und mit dem restlichen Olivenöl (2 EL) bestreichen. Die Tomaten-Auberginen-Füllung in den Auberginenhälften verteilen. Falls Füllung übrig bleibt, diese neben die Auberginen in die Form geben.

4. Den geriebenen Gouda über die Auberginen streuen. Die Form in den Ofen (Mitte) schieben und die gefüllten Auberginen ca. 15 Min. backen, bis das Gemüse schön weich und der Käse goldbraun ist.

TIPP

Wer einen großen Kugelausstecher oder ein Grapefruitmesser zur Hand hat, kann die Auberginen anstatt mit einem Löffel auch damit aushöhlen.

GEMÜSEGRATIN

Ein leichtes Feierabend-Gericht, das durch Gemüse der Saison auch jederzeit abgewandelt werden kann. Einfach den Marktstand durchstöbern und spontan entscheiden, worauf man Lust hat.

Für 2 Portionen

Zubereitungszeit: 15 Min.
Backzeit: 10 Min.
Pro Portion: 285 kcal,
17 g E, 18 g F, 14 g KH

2 kleine Kohlrabi
1 kleine Knolle Fenchel
4 Möhren
3 Frühlingszwiebeln
1 rote Chilischote
125 g Mozzarella
1 EL Olivenöl
Salz · Pfeffer
2 Zweige Thymian

1. Die Kohlrabi schälen, den Fenchel waschen und putzen, beides in kleine Würfel schneiden. Die Möhren schälen und in dünne Scheiben schneiden. Gemüse mit wenig Wasser in einen Topf geben, aufkochen und bei kleiner Hitze ca. 5 Min. dünsten.

2. Inzwischen den Backofen auf 220° vorheizen. Frühlingszwiebeln waschen, putzen, in feine Ringe schneiden. Die Chili waschen, halbieren, weiße Trennwände und Kerne entfernen. Die Hälften in sehr feine Streifen schneiden. Mozzarella in dünne Scheiben schneiden.

3. Eine Auflaufform mit dem Olivenöl einpinseln. Das Gemüse mit Frühlingszwiebeln und Chili in der Form verteilen, salzen und pfeffern. Mozzarella auf dem Gemüse verteilen. Das Gratin im Ofen (Mitte) 10 Min. backen, bis der Käse zerlaufen und goldbraun ist.

4. Den Thymian abbrausen und trocken schütteln, die Blättchen abzupfen. Auflaufform aus dem Ofen holen und Thymian über das Gemüsegratin streuen.

STAUB
STAUB

VEGAN

HIRSE MIT CURRY UND GEMÜSE

Für 2 Portionen
Zubereitungszeit: 25 Min.
Pro Portion: 360 kcal,
13 g E, 13 g F, 46 g KH

60 g Hirse
1 EL Currypulver
1 rote Zwiebel
1 rote Chilischote
1 rote Paprika
2 EL Olivenöl
40 g rote Linsen
1 Dose Kirschtomaten (400 g, ohne Zucker)
1 EL edelsüßes Paprikapulver
Salz · Pfeffer
½ Bund glatte Petersilie

1. In einem Topf 120 ml Wasser erhitzen. Hirse dazugeben und bei mittlerer Hitze unter Rühren in ca. 15 Min. gar köcheln lassen. Dann das Currypulver unterrühren.

2. Inzwischen Zwiebel schälen und fein würfeln. Die Chili waschen, halbieren, weiße Trennwände und Kerne entfernen. Die Hälften in sehr feine Streifen schneiden. Die Paprika waschen, halbieren, weiße Trennwände und Kerne entfernen. Die Hälften grob würfeln.

3. In einem Topf das Öl erhitzen. Darin Zwiebel, Paprika, Chili und Linsen anbraten. 100 ml Wasser und Tomaten dazugeben. Alles bei mittlerer Hitze 10 Min. köcheln lassen. Mit Paprikapulver, Salz und Pfeffer würzen.

4. Petersilie abbrausen und trocken schütteln, Blättchen abzupfen und fein schneiden. Hirse und Gemüse auf zwei Tellern anrichten, die Petersilie darüberstreuen.

SPINAT-CURRY MIT INGWER

Für 2 Portionen
Zubereitungszeit: 15 Min.
Garzeit: 10 Min.
Pro Portion: 515 kcal,
20 g E, 32 g F, 36 g KH

1 Glas Kichererbsen (220 g Abtropfgewicht, ohne Zucker)
200 g Baby-Blattspinat
1 kleine Zwiebel
2 Knoblauchzehen
1 rote Chilischote
1 Stück Ingwer (1 cm lang)
2 EL Kokosöl
60 g gelbe Linsen
200 g Kokosmilch
1 EL Currypulver
Salz · Pfeffer

1. Die Kichererbsen in ein Sieb abgießen, kalt abbrausen und abtropfen lassen. Blattspinat verlesen, waschen, trocken schleudern. Zwiebel und Knoblauch schälen und klein würfeln. Die Chili waschen, halbieren, weiße Trennwände und Kerne entfernen. Die Hälften fein hacken. Den Ingwer schälen und fein reiben.

2. Das Kokosöl in einem Topf erhitzen. Darin Zwiebel, Knoblauch, Chili und Ingwer 2–3 Min. anbraten. Dann Kichererbsen, Linsen und Blattspinat dazugeben. Mit der Kokosmilch ablöschen und das Curry bei mittlerer Hitze ca. 10 Min. köcheln lassen.

3. Spinat-Curry mit Currypulver, Salz und Pfeffer würzen und auf zwei Schüsseln oder tiefe Teller verteilen.

MANGOLDPFANNE MIT LACHS

Für 2 Portionen
Zubereitungszeit: 25 Min.
Pro Portion: 610 kcal,
37 g E, 46 g F, 12 g KH

1 Staude Mangold
(ca. 500 g)
2 Möhren
1 Kohlrabi
80 g Sahne
1 TL frisch geriebene
Muskatnuss
Salz · Pfeffer
2 Stück Lachsfilet (à 150 g,
ohne Haut)
2 EL Olivenöl
½ Bund glatte Petersilie

1. Mangold waschen und putzen, die Stiele in möglichst kleine Würfel, die Blätter in feine Streifen schneiden. Die Möhren schälen und in dünne Scheiben schneiden. Kohlrabi schälen und in kleine Würfel schneiden.

2. Das Gemüse mit wenig Wasser in einen Topf geben, aufkochen und bei kleiner Hitze ca. 5 Min. dünsten. Dann das Wasser abgießen und das Gemüse mit der Sahne ablöschen. Noch einmal aufkochen und 2–3 Min. köcheln lassen. Mit Muskat, Salz und Pfeffer würzen.

3. Zwischendurch Lachsfilets mit Küchenpapier trocken tupfen. In einer Pfanne das Olivenöl erhitzen. Darin die Filets bei starker Hitze auf jeder Seite ca. 5 Min. braten.

4. Die Petersilie abbrausen und trocken schütteln, die Blättchen abzupfen und fein schneiden. Die fertig gebratenen Lachsfilets mit Salz und Pfeffer würzen und mit der Mangoldpfanne auf zwei Tellern anrichten. Mit der Petersilie bestreuen.

VEGAN

KICHERERBSEN-AUBERGINEN-CURRY

Für 2 Portionen

Zubereitungszeit: 10 Min.
Garzeit: 10 Min.
Pro Portion: 385 kcal,
11 g E, 27 g F, 24 g KH

1 Glas Kichererbsen (220 g Abtropfgewicht, ohne Zucker)
1 kleine Aubergine
1 Möhre
2 Knoblauchzehen
1 EL Olivenöl
200 g Kokosmilch
200 g gehackte Tomaten (aus der Dose, ohne Zucker)
½ Bund glatte Petersilie
1 EL Currypulver
Salz · Pfeffer

1. Die Kichererbsen in ein Sieb abgießen, kalt abbrausen und abtropfen lassen. Die Aubergine waschen, putzen und in kleine Würfel schneiden. Die Möhre schälen und in dünne Scheiben schneiden. Den Knoblauch schälen und fein hacken oder durch die Presse drücken.

2. Das Olivenöl in einem Topf erhitzen. Darin Knoblauch, Aubergine und Möhre andünsten. Die Kokosmilch, die gehackten Tomaten und die Kichererbsen dazugeben. Das Curry bei mittlerer Hitze 10 Min. köcheln lassen, dabei ab und zu einmal umrühren.

3. Die Petersilie abbrausen und trocken schütteln, die Blättchen abzupfen und grob hacken. Kichererbsen-Auberginen-Curry mit Currypulver, Salz und Pfeffer würzen. Die Petersilie über das Curry streuen.

TIPP

Wer aromatisches Koriandergrün sehr gerne mag, kann die Petersilie dadurch ersetzen. Und auch gemahlener Kreuzkümmel passt sehr gut. Einfach das Kichererbsen-Auberginen-Curry zusätzlich damit würzen.

GLUTENFREI

MEDITERRANE ONE-POT-PASTA

Für 2 Portionen

Zubereitungszeit: 10 Min.
Garzeit: 10 Min.
Pro Portion: 840 kcal,
49 g E, 32 g F, 82 g KH

1 Zwiebel
2 Knoblauchzehen
2 EL Olivenöl
1 EL Kräuter der Provence
1 Dose gehackte Tomaten (400 g, ohne Zucker)
250 g kurze Hülsenfrüchte-Nudeln (z. B. Linsen-Fusilli oder -Penne)
60 g schwarze Oliven (ohne Stein)
60 g geriebener Parmesan
Salz · Pfeffer

1. Zwiebel und Knoblauch schälen und fein würfeln. Das Olivenöl in einem Topf erhitzen. Darin Zwiebel, Knoblauch und die Kräuter der Provence andünsten.

2. Die gehackten Tomaten und 500 ml Wasser in den Topf geben, dann auch noch die Hülsenfrüchte-Nudeln untermischen. Die Pasta nach Packungsanweisung bei mittlerer Hitze köcheln lassen, bis die Nudeln gar sind, dabei immer wieder einmal umrühren.

3. Zum Schluss die Oliven eventuell klein schneiden und dann mit dem geriebenen Parmesan unter die One-Pot-Pasta rühren. Mit Salz und Pfeffer würzen.

TIPP

Nach Belieben zum Schluss noch klein geschnittene Artischocken (aus dem Glas, ohne Zucker) unterrühren.

ONE-POT-PASTA MIT PILZEN UND SPINAT

Für 2 Portionen
Zubereitungszeit: 10 Min.
Garzeit: 10 Min.
Pro Portion: 495 kcal,
21 g E, 14 g F, 71 g KH

250 g Champignons
2 Knoblauchzehen
2 EL Olivenöl
200 g Kirschtomaten (aus der Dose, ohne Zucker)
200 g kurze Vollkorn-Nudeln (z. B. Spirelli oder Fusilli)
100 g Baby-Blattspinat
1 EL Zitronensaft
2 EL Tomatenmark (ohne Zucker)
½ TL frisch geriebene Muskatnuss
Salz · Pfeffer

1. Die Pilze putzen und in dünne Scheiben schneiden. Den Knoblauch schälen und durch die Presse drücken.

2. Das Olivenöl in einem Topf erhitzen. Darin den Knoblauch und die Pilze anbraten. Die Kirschtomaten und 200 ml Wasser dazugeben und alles aufkochen. Dann die Nudeln untermischen und die Pasta bei mittlerer Hitze 10 Min. köcheln lassen, ab und zu umrühren.

3. Blattspinat verlesen, waschen und trocken schleudern. Den Spinat zur Pasta geben und 2–3 Min. mitköcheln lassen. Zitronensaft und Tomatenmark unterrühren und die One-Pot-Pasta mit Muskat, Salz und Pfeffer würzen.

TIPP

Im Winter den Blattspinat durch klein gezupfte Grünkohlblätter ersetzen. Das schmeckt ebenfalls sehr fein!

PASTA MIT KÜRBIS UND SALBEI

Für 2 Portionen

Zubereitungszeit: 20 Min.
Pro Portion: 525 kcal,
17 g E, 14 g F, 85 g KH

200 g Vollkorn-Bandnudeln oder -Spaghetti
Salz
300 g Hokkaido-Kürbis
2 EL Olivenöl
2 Knoblauchzehen
2 Salbeiblättchen
½ Bio-Zitrone
Pfeffer

1. Die Nudeln nach Packungsanweisung in Salzwasser bissfest garen, dann in einem Sieb abtropfen lassen.

2. Inzwischen den Hokkaido-Kürbis waschen, putzen, entkernen und mit dem Sparschäler in dünne Streifen schneiden. Olivenöl in einer großen Pfanne erhitzen. Darin den Kürbis 3–5 Min. bei mittlerer Hitze anbraten. Gegen Ende den Knoblauch schälen und dazupressen.

3. Die Salbeiblättchen abbrausen, trocken tupfen und in feine Streifen schneiden oder hacken. Die Zitrone heiß waschen, abtrocknen und die Schale fein abreiben. 1 EL Zitronensaft auspressen.

4. Die Nudeln, den Salbei, Zitronensaft und -schale unter den Kürbis mischen, mit Salz und Pfeffer würzen. Die Pasta auf zwei Tellern anrichten.

TIPP

Anstatt mit Hokkaido-Kürbis kann dieses Gericht auch mit Süßkartoffeln zubereitet werden. Wer Salbei nicht so gerne mag, nimmt einfach glatte Petersilie.

PASTA MIT VEGGIE-BOLOGNESE

Das Besondere an dieser Pastasauce: Sie wird mit knackigen Sonnenblumenkernen zubereitet. Fertige Veggie-Bolognese besteht dagegen aus Tofu und enthält oft Zucker. Selbermachen lohnt sich also!

Für 2 Portionen

Zubereitungszeit: 25 Min.
Pro Portion: 625 kcal,
24 g E, 24 g F, 80 g KH

200 g Vollkorn-Dinkelspaghetti
Salz
1 Möhre
1 kleine rote Zwiebel
2 Knoblauchzehen
1 Stange Staudensellerie
4 EL Sonnenblumenkerne
2 EL Olivenöl
1 Dose gehackte Tomaten (400 g, ohne Zucker)
1 EL getrockneter Oregano
Pfeffer
½ Bund Basilikum

1. Die Nudeln nach Packungsanweisung in Salzwasser bissfest garen, dann in einem Sieb abtropfen lassen.

2. Inzwischen Möhre, Zwiebel und Knoblauch schälen, Sellerie waschen und putzen, alles in feine Würfel schneiden. Die Sonnenblumenkerne grob hacken.

3. In einem Topf das Olivenöl erhitzen. Darin Möhre, Zwiebel, Knoblauch, Sellerie und Sonnenblumenkerne bei mittlerer Hitze kurz anbraten. 100 ml Wasser und die Tomaten dazugeben, alles 10 Min. köcheln lassen. Die Bolognese mit Oregano, Salz und Pfeffer würzen.

4. Das Basilikum abbrausen und trocken schütteln, die Blättchen abzupfen. Die Spaghetti auf zwei Teller verteilen und die Veggie-Bolognese darübergeben. Mit den Basilikumblättchen garnieren und servieren.

GLUTENFREI

BROKKOLI MIT FILETSTREIFEN

Für 2 Portionen

Zubereitungszeit: 25 Min.
Pro Portion: 310 kcal,
32 g E, 17 g F, 12 g KH

500 g Brokkoli
2 Frühlingszwiebeln
1 Schalotte
1 rote Chilischote
200 g Hähnchenbrustfilet
2 EL Olivenöl
2 EL Sesam
2 EL Tamari (glutenfreie Sojasauce, ohne Zucker)
Salz · Pfeffer

1. Den Brokkoli waschen, putzen und in Röschen teilen. Den Strunk großzügig schälen und in dünne Scheiben schneiden. Beides in einem Topf in wenig Wasser bei mittlerer Hitze ca. 10 Min. dünsten, dann abgießen.

2. Inzwischen Frühlingszwiebeln waschen, putzen und in dünne Ringe schneiden. Schalotte schälen und in feine Spalten schneiden. Chili waschen, halbieren, weiße Trennwände und Kerne entfernen. Die Hälften in sehr feine Streifen oder Ringe schneiden. Das Hähnchenbrustfilet in dünne Streifen schneiden.

3. Das Olivenöl in einer Pfanne erhitzen. Darin die Filetstreifen bei großer Hitze 4–5 Min. braten. Frühlingszwiebeln, Chili und die Schalotte dazugeben und alles weitere 1–2 Min. braten. Den Brokkoli und den Sesam untermischen und 1 Min. mitbraten. Mit Tamari, Salz und Pfeffer würzen. Dazu passt Reis.

GRIECHISCHES FEIERABEND-OMELETT

Für 2 Portionen
Zubereitungszeit: 20 Min.
Pro Portion: 560 kcal,
31 g E, 45 g F, 8 g KH

½ rote Paprika
1 kleine rote Zwiebel
40 g schwarze Oliven (ohne Stein)
6 Eier (M)
1 EL getrockneter Oregano
Salz · Pfeffer
100 g Schafskäse (Feta)
2 EL Olivenöl
½ Bund glatte Petersilie

1. Die Paprika waschen, weiße Trennwände und Kerne entfernen, Paprika sehr klein würfeln. Zwiebel schälen und klein würfeln. Oliven in dünne Ringe schneiden.

2. Die Eier verquirlen und mit Oregano, Salz und Pfeffer würzen. Paprika, Zwiebel und Oliven unterrühren. Den Schafskäse dazubröckeln.

3. Öl in zwei beschichteten Pfannen erhitzen. Eiermasse auf die Pfannen verteilen und bei mittlerer bis großer Hitze ca. 5 Min. braten, bis jeweils die untere Seite der Omeletts gebräunt ist. Dann die Omeletts wenden und auch die andere Seite in 5 Min. goldbraun braten.

4. Die Petersilie abbrausen und trocken schütteln, Blättchen abzupfen und hacken. Die Omeletts auf Teller gleiten lassen, mit Petersilie garnieren.

ZUCCHINI MIT EI UND RÄUCHERLACHS

Für 2 Portionen
Zubereitungszeit: 25 Min.
Pro Portion: 340 kcal,
31 g E, 22 g F, 5 g KH

1 großer Zucchino
150 g Räucherlachs
(in Scheiben)
2 Eier (M)
4 Stängel Dill
Pfeffer
1 EL Chilifäden

1. Den Backofen auf 200° vorheizen. Ein Backblech mit Backpapier auslegen. Den Zucchino waschen und längs halbieren. Die Zucchinohälften mit einem Teelöffel so aushöhlen, dass ein ½ cm breiter Rand stehen bleibt.

2. Den Räucherlachs in die Zucchinohälften füllen (falls nötig, den Lachs vorher etwas kleiner schneiden) und in jede Hälfte 1 Ei gleiten lassen. Die Zucchinohälften auf das Blech setzen und im Ofen (Mitte) 15–20 Min. backen, bis das Ei gestockt und das Gemüse gar ist.

3. Inzwischen Dill abbrausen und trocken schütteln, die Spitzen abzupfen und grob hacken. Zucchinohälften mit Pfeffer würzen, mit Dill und Chilifäden garnieren.

TIPP

Aus dem ausgehöhlten Fruchtfleisch des Zucchino kann eine **Zucchino-Guacamole** zubereitet werden. Dazu das Fruchtfleisch von 1 vollreifen Avocado mit einer Gabel zerdrücken. 1 Knoblauchzehe schälen und dazupressen, das Zucchinofleisch untermengen. Die Guacamole mit 2 EL Zitronensaft, Salz und Pfeffer würzen.

HIRSE MIT BUNTEM GEMÜSE

Für 2 Portionen

Zubereitungszeit: 10 Min.
Garzeit: 15 Min.
Pro Portion: 360 kcal,
11 g E, 13 g F, 48 g KH

1 große Möhre
1 Zwiebel
2 EL Olivenöl
150 g TK-Erbsen
100 g Hirse
300 ml Gemüsebrühe
Salz · Pfeffer

1. Die Möhre schälen und in kleine Würfel oder dünne Scheiben schneiden. Die Zwiebel schälen und in kleine Würfel oder feine Spalten schneiden.

2. Das Olivenöl in einem Topf erhitzen. Darin Hirse, Möhre, Zwiebel und die gefrorenen Erbsen 2–3 Min. anbraten. Mit der Gemüsebrühe ablöschen und alles bei mittlerer Hitze 15 Min. köcheln lassen.

3. Die bunte Gemüse-Hirse mit Salz und Pfeffer würzen. In zwei Schüsseln füllen und servieren.

VARIANTE

Für **Brokkoli-Hirse mit getrockneten Tomaten** in einem Topf 100 g Hirse in 200 ml Gemüsebrühe bei mittlerer Hitze in 15 Min. gar köcheln. 500 g Brokkoli waschen, putzen, in kleine Röschen teilen und bei kleiner Hitze in wenig Wasser in 10 Min. gar dünsten. 50 g getrocknete Tomaten in feine Streifen schneiden. 2 EL Pinienkerne in einer Pfanne goldbraun anrösten. Alles auf Tellern anrichten, mit Salz und Pfeffer würzen.

VEGAN

ZUCCHINI-PILZ-PFANNE

Für 2 Portionen

Zubereitungszeit: 20 Min.
Pro Portion: 210 kcal,
10 g E, 12 g F, 15 g KH

1 kleiner Zucchino
250 g Champignons
1 kleine rote Zwiebel
2 EL Olivenöl
1 Glas Kichererbsen (220 g Abtropfgewicht, ohne Zucker)
½ Bund glatte Petersilie
Salz · Pfeffer

1. Den Zucchino waschen und putzen, längs vierteln und quer in dünne Scheiben schneiden. Pilze putzen und in dünne Scheiben schneiden. Die Zwiebel schälen und klein würfeln. Olivenöl in einer Pfanne erhitzen. Darin das vorbereitete Gemüse ca. 10 Min. bei mittlerer Hitze braten, dabei ab und zu umrühren.

2. Inzwischen die Kichererbsen in ein Sieb abgießen, kalt abbrausen und abtropfen lassen. Die Petersilie abbrausen und trocken schütteln, die Blättchen abzupfen und fein hacken.

3. Die abgetropften Kichererbsen unter die Zucchini-Pilz-Pfanne mischen. Mit Salz und Pfeffer würzen und die Petersilie darüberstreuen.

GEFÜLLTE CHAMPIGNONS

Für 2 Portionen
Zubereitungszeit: 10 Min.
Backzeit: 10 Min.
Pro Portion: 250 kcal,
10 g E, 20 g F, 6 g KH

8 Riesen-Champignons
½ Bund glatte Petersilie
2 rote Zwiebeln
150 g Frischkäse
Salz · Pfeffer

1. Den Backofen auf 220° vorheizen. Ein Backblech mit Backpapier auslegen. Die Riesen-Champignons trocken abreiben und die Stiele herausdrehen. Die Pilzköpfe nebeneinander auf das Backblech legen.

2. Die Pilzstiele klein würfeln. Petersilie abbrausen und trocken schütteln, Blättchen abzupfen und fein hacken. Die Zwiebeln schälen und klein würfeln. Alles mit dem Frischkäse vermengen, mit Salz und Pfeffer würzen.

3. Die Frischkäsemasse in die Champignonköpfe füllen. Das Backblech in den Ofen (Mitte) schieben und die gefüllten Champignons ca. 10 Min. backen.

LOW CARB

MINI-ZUCCHINI-PIZZAS

Der Verzehr von Pizza mit Teig aus Weizenmehl führt nicht selten zu anschließendem Heißhunger auf Süßes. Einfach mal die Alternative mit Zucchino-Boden testen – sättigt auch in Snack-Form lang anhaltend!

Für 2 Portionen

Zubereitungszeit: 10 Min.
Backzeit: 10 Min.
Pro Portion: 150 kcal,
11 g E, 10 g F, 5 g KH

1 dicker Zucchino
60 g Tomatenmark (ohne Zucker)
Salz · Pfeffer
2 EL Kräuter der Provence
80 g geriebener Mozzarella

1. Den Backofen auf 220° vorheizen. Ein Backblech mit Backpapier auslegen. Zucchino waschen, putzen und in ca. ½ cm dicke Scheiben schneiden. Die Zucchinoscheiben auf dem Backblech auslegen.

2. Das Tomatenmark mit 2 EL Wasser glatt verrühren und mit Salz und Pfeffer würzen. Die Tomatensauce mit den Kräutern der Provence abrunden.

3. Die Tomatensauce auf den Zucchinoscheiben verteilen und den geriebenen Mozzarella darüberstreuen. Die Mini-Pizzas im Ofen (Mitte) 10 Min. backen, bis der Käse zerlaufen und goldbraun ist.

PIKANTE CASHEWKERNE

Ein würziger Snack für zwischendurch, der abends eine tolle Alternative zu Chips, Salzstangen und anderem Knabbergebäck ist und noch dazu lange satt hält.

Für 2 Portionen

Zubereitungszeit: 5 Min.
Backzeit: 10 Min.
Pro Portion: 340 kcal,
8 g E, 26 g F, 16 g KH

100 g Cashewkerne
1 EL Olivenöl
1 TL edelsüßes Paprikapulver
½ TL Chilipulver
Salz

1. Den Backofen auf 175° vorheizen. Ein Backblech mit Backpapier auslegen. Cashewkerne in einer Schüssel mit dem Olivenöl, dem Paprika- und Chilipulver sowie etwas Salz vermischen.

2. Die Cashewkerne gleichmäßig auf dem Backblech verteilen. Im Ofen (Mitte) 5 Min. backen, wenden und weitere 5 Min. backen. Anschließend auskühlen lassen.

TIPP

Die Cashewkerne können anstatt mit Paprika- und Chilipulver auch mit anderen Gewürzmischungen zubereitet werden, beispielsweise mit Currypulver. Wichtig: Auch bei Gewürzmischungen immer die Zutatenliste lesen, da hier sehr oft Zucker zugesetzt wird, etwa Dextrose.

LOW CARB

GEMÜSESTICKS MIT TOMATENCREME

Für 2 Portionen

Zubereitungszeit: 10 Min.
Pro Portion: 405 kcal,
10 g E, 34 g F, 15 g KH

Für die Tomatencreme

80 g getrocknete Soft-Tomaten (siehe Tipp)
180 g Frischkäse
1 EL Olivenöl
Pfeffer

Für die Sticks

1 rote Paprika
1 gelbe Paprika
1 Stange Staudensellerie
½ Bio-Salatgurke
1 Möhre

1. Für die Tomatencreme die Tomaten grob würfeln. Mit Frischkäse und Öl in einen hohen Rührbecher geben, mit dem Pürierstab fein pürieren. Mit Pfeffer würzen.

2. Für die Sticks die Paprika waschen, halbieren, weiße Trennwände und Kerne entfernen. Sellerie und Gurke waschen und putzen, die Möhre schälen. Das Gemüse in lange, nicht zu dünne Stäbchen (Sticks) schneiden.

3. Die Tomatencreme in eine kleine Schüssel oder in ein (Schraub-)Glas füllen und mit den Gemüsesticks auf einer Platte anrichten. Die Sticks in die Creme dippen.

TIPP

Getrocknete Soft-Tomaten enthalten ein wenig mehr Wasser als herkömmliche getrocknete Tomaten. Da sie meist schon gesalzen sind, kann bei der Tomatencreme auf zusätzliches Salz verzichtet werden.

MÖHRENSTICKS MIT PARMESANKRUSTE

Für 2 Portionen
Zubereitungszeit: 5 Min.
Backzeit: 10 Min.
Pro Portion: 265 kcal,
13 g E, 18 g F, 12 g KH

6 Möhren (mit Grün)
2 EL Olivenöl
60 g geriebener Parmesan
Pfeffer

1. Den Backofen auf 175° vorheizen. Ein Backblech mit Backpapier auslegen. Die Möhren gründlich waschen und etwas Grün stehen lassen, den Rest entfernen. Die Möhren nur wenn nötig schälen, dann längs vierteln.

2. Die Möhren in einer Schüssel gut mit dem Olivenöl vermischen, sodass das Gemüse rundherum mit Öl überzogen ist. Dann die Möhren auf das Backblech legen und den Parmesan darüberstreuen, pfeffern.

3. Die Möhren im Ofen (Mitte) 10 Min. backen, bis der Parmesan goldbraun und knusprig ist. Die Möhrensticks noch warm servieren.

GURKENHAPPEN MIT GRANATAPFEL

Für 2 Portionen

Zubereitungszeit: 10 Min.
Pro Portion: 135 kcal,
3 g E, 11 g F, 6 g KH

½ Bio-Salatgurke
80 g Frischkäse
4 EL Granatapfelkerne
Pfeffer

1. Die Gurke waschen, putzen und in ca. 1 cm dicke Scheiben schneiden. Die Gurkenscheiben auf einer Seite mit dem Frischkäse bestreichen.

2. Die Granatapfelkerne auf dem Frischkäse verteilen und die Gurkenhappen mit Pfeffer würzen. Sofort servieren.

VARIANTE

Für **Lachs-Gurkenhappen mit Meerrettich** ½ Bio-Salatgurke waschen, putzen und in ca. 1 cm dicke Scheiben schneiden. 80 g Frischkäse mit ½ TL frisch geriebenem Meerrettich verrühren, mit Salz und Pfeffer würzen. Die Gurkenscheiben auf einer Seite mit dem Frischkäse bestreichen. 1 Scheibe Räucherlachs grob zerzupfen und jeweils 1 Stück Lachs auf 1 Gurkenscheibe geben. Mit Pfeffer übermahlen und mit Dillspitzen garnieren.

TIPP

Es müssen keine Gurkenscheiben sein, die als Basis für die Happen dienen. Auch dünne Scheiben von Zucchini (sie können problemlos roh verzehrt werden) passen.

VEGAN

SCHOKO-POPCORN

Für 2 Portionen

Zubereitungszeit: 10 Min.
Pro Portion: 225 kcal,
3 g E, 17 g F, 17 g KH

3 EL Kokosöl
50 g Popcorn-Mais
1 EL Kakaopulver
(stark entölt)

1. Für das Popcorn einen kleinen Topf bei mittlerer Hitze heiß werden lassen. 2 EL Öl darin durch Schwenken des Topfs gleichmäßig verteilen. Popcorn-Mais hineingeben, Deckel auflegen. Nach wenigen Augenblicken beginnen die Körner aufzupoppen. Dann den Topf ab und zu rütteln, ohne ihn anzuheben – die Hitze soll beständig bleiben, damit das Aufpoppen nicht unterbrochen wird. Sobald keine Pop-Geräusche mehr zu hören sind, ist das Popcorn fertig.

2. Dann das restliche Kokosöl (1 EL) mit dem Kakaopulver verrühren, über das Popcorn träufeln und gleichmäßig verteilen. Das Popcorn abkühlen lassen.

TIPP

Sehr fein schmeckt das Schoko-Popcorn auch, wenn man noch etwas Ceylon-Zimtpulver zum Kakao gibt.

VEGAN

MANGO-KOKOS-ENERGY-BALLS

Für 10 Stück
Zubereitungszeit: 20 Min.
Pro Portion: 145 kcal,
3 g E, 11 g F, 10 g KH

100 g getrocknete Mango
(ohne Zucker)
½ Bio-Limette
100 g Cashewkerne
100 g Kokosraspel
1 Msp. gemahlene Vanille

1. Die getrocknete Mango in eine Schüssel geben und mit kochend heißem Wasser übergießen. Die Mango 10 Min. einweichen, dann das Wasser abgießen.

2. Inzwischen die Limette heiß waschen und abtrocknen. Die Limettenschale fein abreiben und mit den Cashewkernen, 50 g Kokosraspeln und der gemahlenen Vanille in einen Hochleistungsmixer geben.

3. Die Mango in grobe Stücke schneiden und ebenfalls in den Mixer geben. Alles so lange mixen, bis eine glatte Masse entstanden ist. Die Mango-Kokos-Masse zu 10 gleich großen Kugeln formen. Die Kugeln in den restlichen Kokosraspeln (50 g) wenden. Haltbarkeit: gekühlt mindestens 2 Wochen.

SCHOKO-HASELNUSS-ENERGY-BALLS

Für 10 Stück

Zubereitungszeit: 20 Min.
Pro Portion: 140 kcal,
2 g E, 7 g F, 14 g KH

100 g Haselnusskerne
200 g Datteln (ohne Stein)
4 EL Kakao (schwach entölt)
1 Msp. gemahlene Vanille
Salz

1. Die Haselnusskerne in einer Pfanne bei mittlerer Hitze ca. 5 Min. rösten, anschließend abkühlen lassen.

2. Die Haselnusskerne mit Datteln, 2 EL Kakao, Vanille und 2 Prisen Salz in einen Hochleistungsmixer geben. Alles so lange mixen, bis eine glatte Masse entstanden ist. Die Schoko-Haselnuss-Masse zu 10 gleich großen Kugeln formen. Die Kugeln im restlichen Kakao (2 EL) wenden. Haltbarkeit: gekühlt mindestens 2 Wochen.

TIPP

Die Energy-Balls können für eine längere Haltbarkeit auch problemlos eingefroren werden. Dann vor dem Verzehr nur rechtzeitig auftauen.

HIMBEER-SCHICHTDESSERT

Dank des Fruchtzuckers in den Himbeeren, des natürlichen Milchzuckers aus Sahne und Joghurt sowie der zarten Süße von Kokos, Mandeln und Vanille schmeckt dieses Dessert angenehm süß.

Für 2 Portionen

Zubereitungszeit: 15 Min.
Pro Portion: 655 kcal,
10 g E, 47 g F, 45 g KH

200 g Himbeeren
150 g Sahne
300 g Joghurt
4 EL Kokosraspel
1 Msp. gemahlene Vanille
2 EL Mandelblättchen

1. Die Himbeeren verlesen, nur falls nötig abbrausen und trocken tupfen. Die Beeren in einen hohen Rührbecher geben und mit dem Pürierstab fein zerkleinern.

2. Die Sahne steif schlagen, dann mit dem Joghurt, den Kokosraspeln und der Vanille vorsichtig verrühren. Die Joghurt-Sahne-Creme und die pürierten Himbeeren abwechselnd in zwei (Schraub-)Gläser schichten, dabei mit der Creme beginnen.

3. Die Mandelblättchen in einer Pfanne rösten, bis sie goldbraun werden und fein zu duften beginnen. Das Himbeer-Schichtdessert damit garnieren.

JOGHURT-APFEL-TRIFLE

Für 2 Portionen

Zubereitungszeit: 10 Min.
Pro Portion: 320 kcal,
8 g E, 20 g F, 27 g KH

300 g Apfelmark
(siehe Tipp)
1 TL Ceylon-Zimtpulver
300 g griechischer Joghurt
(10 % Fett)
2 EL Mandelblättchen

1. Das Apfelmark mit dem Zimt verrühren. Joghurt und Apfelmark abwechselnd in zwei (Schraub-)Gläser einschichten: Joghurt – Apfelmark – Joghurt – Apfelmark.

2. Die Mandelblättchen in einer Pfanne rösten, bis sie goldbraun werden und fein zu duften beginnen. Das Joghurt-Apfel-Trifle damit garnieren.

TIPP

Achtung, Apfelmark nicht mit Apfelmus verwechseln: Das Apfelmark besteht nur aus Äpfeln, wohingegen dem Apfelmus raffinierter Zucker zugesetzt wird.

VARIANTE

Für einen **Joghurt-Mango-Trifle** 2 Mangos schälen, das Fruchtfleisch in möglichst großen Stücken vom Kern schneiden und fein pürieren. 300 g griechischen Joghurt (10 % Fett) mit 1 Msp. gemahlener Vanille und 2 EL gepuffter Quinoa oder gepufftem Amarant verrühren. Joghurt und Mango abwechselnd in zwei Gläser einschichten. 2 EL Haselnussblättchen in der Pfanne goldbraun rösten und das Trifle damit garnieren.

VEGAN

ERDBEER-BASILIKUM-SORBET

Für 2 Portionen

Zubereitungszeit: 10 Min.
Pro Portion: 70 kcal,
2 g E, 1 g F, 13 g KH

4 Stängel Basilikum
400 g TK-Erdbeeren
1 EL Zitronensaft
1 Msp. gemahlene Vanille

1. Basilikum abbrausen und trocken schütteln, Blättchen abzupfen und ein paar davon für die Garnitur beiseitelegen, den Rest in einen Hochleistungsmixer geben.

2. Die gefrorenen Erdbeeren mit 100 ml Wasser, Zitronensaft und der gemahlenen Vanille ebenfalls in den Mixer geben. Alles zu einer glatten Sorbet-Masse pürieren.

3. Das Erdbeer-Basilikum-Sorbet auf zwei Schüsseln, Gläser oder Tassen verteilen und mit den beiseitegelegten Basilikumblättchen garnieren.

TIPP

Statt mit TK-Erdbeeren kann das Sorbet auch mit Himbeeren, Ananas, Mango oder Heidelbeeren aus dem Tiefkühlfach zubereitet werden.

ERDBEERSALAT MIT MINZE

Für 2 Portionen

Zubereitungszeit: 10 Min.
Pro Portion: 85 kcal,
2 g E, 1 g F, 14 g KH

500 g Erdbeeren
2 EL Limettensaft
1 Msp. gemahlene Vanille
2 Stängel Minze

1. Die Erdbeeren verlesen, waschen, putzen und je nach Größe halbieren oder vierteln, in dünne Scheiben oder kleine Würfel schneiden.

2. Limettensaft und gemahlene Vanille verrühren, dann unter die Erdbeeren mengen. Die Minze abbrausen und trocken schütteln, die Blättchen abzupfen, hacken und ebenfalls unter die Erdbeeren mischen.

TIPP

Es muss nicht Vanille sein: Gemahlene Tonkabohne sorgt in dem Erdbeersalat für einen leichten Marzipan-Geschmack und eine zusätzliche, milde Süße.

MEDJOOL-DATTELN MIT MANDELMUS

Für diesen Snack unbedingt Medjool-Datteln verwenden, nicht die hierzulande bekannteren Deglet-Nour-Datteln! Ihr besonders saftiges Fruchtfleisch schmeckt herrlich süß und hat eine leichte Karamellnote.

Für 2 Portionen

Zubereitungszeit: 5 Min.
Pro Portion: 150 kcal,
3 g E, 10 g F, 13 g KH

4 getrocknete Medjool-Datteln
2 TL weißes Mandelmus
4 Walnusskernhälften

1. Die Medjool-Datteln der Länge nach ein-, aber nicht durchschneiden. Jeweils den Stein entfernen. Das Mandelmus kurz verrühren, sodass es cremiger wird.

2. In jede der Datteln ½ TL Mandelmus füllen und jeweils 1 Walnusskernhälfte hineindrücken. Die Datteln vor dem Verzehr noch kurz in den Kühlschrank stellen.

TIPPS

Dieser kleine Snack kann auch wunderbar eingefroren werden. Dann bei Bedarf rechtzeitig aus dem Tiefkühlfach holen und auftauen. Gerade an heißen Tagen im Sommer sind die Datteln so eine tolle Erfrischung!

Statt des Mandelmuses können auch andere Mussorten verwendet werden. Richtig lecker schmecken beispielsweise Cashew-, Erdnuss- oder Pistazienmus. Wer mag, lässt die Walnüsse dann weg oder ersetzt sie durch andere Nüsse wie etwa Mandeln oder Erdnusskerne.

VEGAN

MANDEL-APFELRINGE

Ein fruchtiger Snack, der dank Zimt und der natürlichen Süße von Apfel, Rosinen und Mandelmus bei akuten Heißhungerattacken innerhalb von Minuten das Verlangen nach Schokolade & Co. mindert.

Für 2 Portionen

Zubereitungszeit: 10 Min.
Pro Portion: 405 kcal,
9 g E, 30 g F, 26 g KH

2 Äpfel
4 EL weißes Mandelmus
2 EL Mandelblättchen
2 EL Rosinen
½ TL Ceylon-Zimtpulver

Außerdem

Kerngehäuseausstecher

1. Die Äpfel waschen und das Kerngehäuse mit dem Kerngehäuseausstecher entfernen. Die Äpfel in ca. 1 cm dicke Ringe schneiden. Das Mandelmus gleichmäßig auf den Apfelringen verteilen.

2. Die Mandelblättchen in einer Pfanne 2–3 Min. bei mittlerer Hitze rösten. Dann die Blättchen mit den Rosinen auf den Apfelringen verteilen. Zum Schluss noch das Zimtpulver darüberstreuen.

TIPPS

Auch Kakao-Nibs, Kokosraspel oder gepuffte Quinoa können anstatt der Mandelblättchen und Rosinen als Topping verwendet werden.

Wenn es noch schneller gehen soll, einfach 1 Apfel waschen, achteln und entkernen. Dann die Apfelspalten mit etwas Nussmus (z. B. Erdnuss- oder Mandelmus) bestreichen und mit Zimtpulver bestreuen.

REZEPTREGISTER

IMPRESSUM

Projektleitung: Vanessa Lotz
Lektorat, Satz/DTP: schönseitig, Christina Geiger, München
Herstellung: Martina Koralewska
Korrektorat: Ulrike Wagner
Umschlaggestaltung und Layout: independent Medien-Design, Horst Moser, München
Repro: Longo AG, Bozen
Druck und Bindung: Printer Trento, Trento

1. Auflage 2020

ISBN 978-3-8338-7316-4

Die GU-Homepage finden Sie unter www.gu.de

www.facebook.com/gu.verlag

GRÄFE UND UNZER

Ein Unternehmen der
GANSKE VERLAGSGRUPPE

Die Autorin

Hannah Frey ist Food-Bloggerin, Ernährungsexpertin und Kochbuchautorin. Seit 2011 ernährt sie sich nach dem Clean-Eating-Prinzip. Drei Jahre später startete sie mit »Projekt: Zuckerfrei«. Über den Blog www.projekt-gesund-leben.de/ und die »Projekt: Zuckerfrei«-Facebook-Gruppe sowie #projektzuckerfrei tauschen sich die Challenger mit Hannah über ihre Erfahrungen aus. Für GU hat sie unter anderem »Zuckerfrei – Die 40-Tage-Challenge«, »Zuckerfrei Backen«, »Zuckerfrei für Berufstätige« und »Inner Glow« geschrieben.

Die Fotografin

Die australische Fotografin **Becca Crawford** lebt in Berlin. Sie wuchs in Sydney auf und studierte an der University of New South Wales Architektur. Nach einem Mode-Masterstudium an der Parsons (New School of Design) in New York City erhielt sie ein Stipendium zur Promotion in Visual Design an der University of Technology von Sydney. Beccas ganzheitliche Herangehensweise und Vielfalt erkennt man in jedem ihrer Shootings. Zusammen mit Max Faber (Foodstyling) hat sie die Rezepte für »Zuckerfrei express« in Szene gesetzt.

Bildnachweis

Alle Fotos: Becca Crawford; außer **Autorenfotos:** Caitlin Collins; **Zuckerschrift auf Cover:** Silvio Knezevic

QUALITÄTS G|U GARANTIE

Liebe Leserin, lieber Leser,

haben wir Ihre Erwartungen erfüllt? Sind Sie mit diesem Buch zufrieden? Haben Sie weitere Fragen zu diesem Thema? Wir freuen uns auf Ihre Rückmeldung, auf Lob, Kritik und Anregungen, damit wir für Sie immer besser werden können.

GRÄFE UND UNZER Verlag
Leserservice
Postfach 86 03 13
81630 München
E-Mail:
leserservice@graefe-und-unzer.de

Telefon: 00800 / 72 37 33 33*
Telefax: 00800 / 50 12 05 44*
Mo–Do: 9.00 – 17.00 Uhr
Fr: 9.00 – 16.00 Uhr
(gebührenfrei in D, A, CH)*

Ihr GRÄFE UND UNZER Verlag
Der erste Ratgeberverlag – seit 1722.

Backofenhinweis

Die Backzeiten können je nach Herd variieren. Die Temperaturangaben beziehen sich auf das Backen im Elektroherd mit Ober- und Unterhitze und können bei Gasherden oder Backen mit Umluft abweichen. Details entnehmen Sie bitte Ihrer Gebrauchsanweisung.

Syndication:
www.seasons.agency

Umwelthinweis
Dieses Buch wurde auf PEFC-zertifiziertem Papier aus nachhaltiger Waldwirtschaft gedruckt.

EXPRESS FAQ

MUSS ICH MICH IMMER GANZ GENAU AN DIE REZEPTE HALTEN?

Bei den Rezepten in diesem Zuckerfrei-Buch rate ich dir, dich möglichst exakt an die aufgelisteten Zutaten und an die Arbeitsschritte zu halten – denn nur dann kannst du auch die angegebene Zubereitungszeit einhalten. Andernfalls ist es denkbar, dass du für die Zubereitung der Gerichte mehr Zeit als die versprochenen 25 Minuten benötigst.

ICH BRAUCHE ABER TROTZDEM LÄNGER ALS IM REZEPT ANGEGEBEN IST!

Hast du das Rezept vor dem Kochen einmal komplett durchgelesen? Die Zutaten und auch die Arbeitsgeräte alle bereit gestellt? Und dich genau an die Arbeitsschritte gehalten? Natürlich kann es sein, dass du etwas gemütlicher gekocht hast und dich nicht hast stressen lassen. Oder dass du zwischendurch abgelenkt wurdest und deshalb länger als höchstens 25 Minuten für die Zubereitung gebraucht hast. Ich habe mir bei der Entwicklung der Rezepte auf jeden Fall größte Mühe gegeben, damit das 25-Minuten-Zeitlimit keinesfalls überschritten wird. Bei den Testköchen hat es funktioniert. Und bei dir hoffentlich auch. Beim nächsten Mal bist du sicher schon viel geübter und routinierter und sparst etwas Zeit! Und solltest du trotzdem etwas länger brauchen, hoffe ich, dass das Gericht dich dafür aufs Feinste entschädigt.

WIE KANN ICH BEIM KOCHEN ZEIT SPAREN?

Auf den Seiten 8/9 und 12/13 findest du meine besten Zeitspar-Infos und -Tipps. Vielleicht können sie dir helfen.

MUSS ICH DEN BACKOFEN VORHEIZEN?

Bei manchen Rezepten wird das Gericht in den kalten Backofen gestellt, bei anderen Rezepten muss der Ofen vorgeheizt sein. Halte dich für die Geling-Garantie am besten an meine Angaben. Tipp: Sollte dein Backofen allerdings sehr viel Zeit zum Vorheizen benötigen, stell das Gericht einfach in den kalten Ofen, obwohl im Rezept »Ofen vorheizen« steht. So kannst du die Vorheizzeit bereits zum Garen nutzen. Beachte aber, dass in diesem Fall die Garzeit variiert und du immer wieder mal in den Ofen schauen musst, um zu prüfen, ob das Gericht bereits gar ist. Oder ob es vielleicht auch schon verbrennt – dann mit Alufolie abdecken.

NACH EINEM STRESSIGEN ARBEITSTAG FÄLLT ES MIR NICHT LEICHT, AUCH NOCH ZU KOCHEN. HAST DU TIPPS FÜR MICH?

Ich motiviere mich abends beim Kochen vor allem dadurch, dass ich mir bewusst mache, dass es mir viel besser geht, wenn ich meine Mahlzeiten selbst zubereite. Ich meide so Zucker, Zuckerersatzstoffe und Süßungsmittel und weiß genau, was in meinem Essen steckt. Ansonsten lass ich mich durch Musik, Podcasts oder Hörspiele inspirieren. Und da die Rezepte in diesem Buch sowieso nur maximal 25 Minuten Arbeitszeit in Anspruch nehmen, stehen die Gerichte ja auch schnell auf dem Tisch!